JN140043

会社に入る前に知っておきたい これだけ経済学

坪井賢一

ダイヤモンド社

はじめに

経済学は1%だけ覚えればいい

本書は、社会人が知っておくべき**経済学の最小限の知識**をまとめた超入門書である。

書店でこの本を手に取ったあなたは、「経済学を学ぶ必要がある」と思っているはずだ。しかし、どのくらい学ぶ必要があるのか、その量については判断できないに違いない。

まずあなたに言いたいのは、膨大な経済学の大系を前にして、**すべての知識を学ぶ必要はない**ということだ。

私は大学を卒業後、ダイヤモンド社に入社し、「週刊ダイヤモンド」編集部に配属された。記者・編集者として働き、必要に迫られて経済学を学び始めた。編集長を経て、現在は会社の取締役に就いているが、定期的に大学で初級の経済学全般を教えている。

ビジネスに必要な経済学、そして学問としての経済学の両方に関わっていて断言できるのは、**社会人として知っておくべき、そして仕事や生活に生かせる経済学の知識は「全体の1%程度」に過ぎない**ということだ。

しかし、この1%を知っているかどうかでは大きな差がある。1%の経済知識は、あなたがこれから働いていく長いみちのりで欠かせない知識となる。本書は、この1%=エッセンスをわかりやすく解説していく。

経済学とは木を見て森も見ること

経済学の目的は大きく2つに分けられる。**「人の行動」**と**「国の行動」**の研究だ。

まず、人は商品やサービスを購入するとき、損か得かを考えて行動する（参考文献：第2章 注2）。また、住宅のような大きな買い物をするときには、将来の所得を想定して行動する。人は自分の人生にとって得になる行動をとるのだ。しかし一方で、他者の動向に反応して行動することも多い。

このような人間の複雑な行動を解明するのが**ミクロ経済学**である。ミクロ経済学からは市場やビジネスの仕組みが見えてくる。

一方、国全体が何を選択し、どのように動くことが人々の最大の幸福に結びつくのか、このような大きな問題を解明していくのが**マクロ経済学**である。

マクロ経済学の最小限の知識を獲得すれば、政治・経済全体の動向や、毎日のように発表される統計の読み方、国内外の経済ニュースの個々の意味、それらと勤務先企業や産業界との関係、といったことがわかってくる。

木の細胞まで見るのがミクロ経済学、木が構成する森林全体の生態系を知るのがマクロ経済学だ。ミクロとマクロの最小限の知識によって、あなたは生活でも仕事をするうえでも大いに助けられるに違いない。

この本の読み方、取り扱い方

本書では、このミクロ経済、マクロ経済双方の基本的な1%の知識を厳選した。

第1章、第2章では、人と企業の行動、つまり市場の仕組みを理解するためのミクロ経済学の知識を中心に構成した。

第3章では、国全体の政治経済の動向や、政策が企業に与える影響などを理解するために必要なマクロ経済学の知識を中心にしている。

第4章では、「知らないとヤバい！　現代経済史60年の10大経済ニュース」を解説した。これを読むことによって、会社の上司や同僚、そして取引先との会話についていけるようになる。また、現代経済史の流れを具体的におさえることで、より広い視野で経済を自分で分析、予測できるようになるだろう。

つまり、**この1冊で経済学の基本と仕事への応用から、ビジネスの仕組み、ニュースの見方、そして現代経済史の基礎知識まで習得できる。**

あなたにとって非常に重要な「1%」が学べるはずだ。

なお本書は、第1章から通読することを前提にしているが、先に第4章で経済ニュースの大きな流れをつかみ、それから第1章に戻る読み方もできる。また、各項目や、随所に出てくる「コラム」「理論編」に関心が向かない場合、あるいは理解しにくい項目は読み飛ばして先へ進んでもまったく問題ない。どんどん進んで最後のページまで到着したら、また戻って未読項目に当たるのも一法だ。

また、文中にある 注1 は「参考文献」（256ページ）の番号だ。本文で参照した文献だけでなく、1%を超えて経済学を学ぶ際に役立つ中級、上級の経済書を紹介している。1%を超えたい、という意欲が出たらぜひ読んでいただきたい。

坪井賢一

もくじ

第2章 仕事と生活に生かせる10の経済学思考

第3章 世の中を知るモノサシとなる10の経済知識

第1章

ビジネスの大原則を理解できる10の経済理論

1

あらゆるビジネスに存在する「市場」ってなんだろう

経済の3つの主体と市場メカニズム

経済学にまったく縁がなかった社会人寸前のあなた、あるいは社会人1年目のキミたちに、経済学の「いろはの『い』」だけは知ってほしい。

なぜなら、**ビジネスの仕組みは、経済学の基本を知れば知るほど頭に入りやすい**からだ。まず、もっとも基本となる「経済の3つの主体」を覚えよう。

3つとは**企業**、**家計**、**政府**だ。会社に入って社会人になるまで、あなたは家計の中にいる。この中で消費しているだけだった。しかし社会人になった瞬間に、あなたは3つの経済主体の相互関係の輪に入ることになる。

●経済の3つの主体

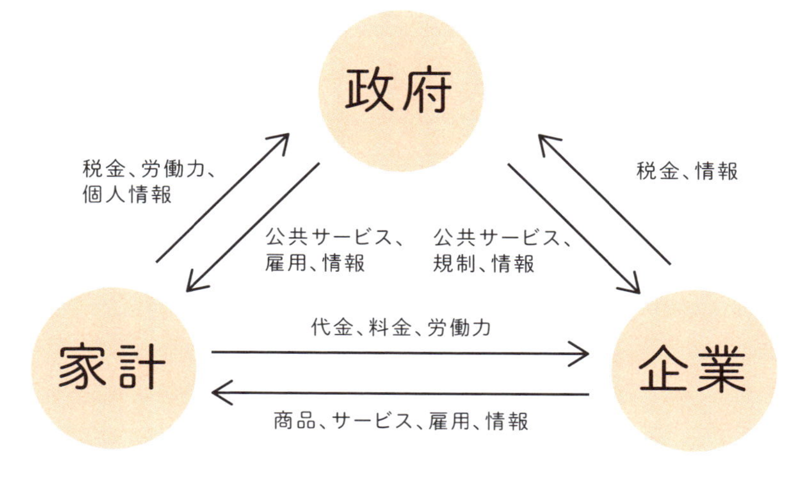

「家計」から飛び出すと「企業」で商品やサービスを提供する側になり、同時に「企業」「家計」から「政府」に納税し、「政府」から公的サービスを受けることになる。

経済学はこうした経済システム全体を解明していくが、まず、初めて企業の立場に立つあなたがおさえるべきは、市場の仕組み（市場メカニズム）である。市場メカニズムとは、価格と数量が市場で決定される仕組みのことだ。したがって、あらゆるビジネス、商売にとって一番重要なことだといえる。

これを理解するために第1章では、膨大な経済理論の中から10本を厳選して紹介する。

市場は「財・サービス」を交換する場

そもそも市場とはなんだろう。市場は訓読みでは「いちば」だが、経済学では「しじょう」と読む。**人々が集まり、財・サービスを交換する場**だ。交換の媒介は貨幣による。**財・サービス**は経済学の用語で商品のことだ。これから頻繁に「財」という用語が出てくるので覚えておこう。

市場には売りたい人と買いたい人が集まり、両者が交渉して取引が成立する。市場で決定されるのは「量」と「価格」だ。

人々が自由に市場で財・サービスを売ったり買ったりする経済システムを**市場経済システム**という。世界の大半の国は、このシステムを導入している（国によって程度の差はあるが）。

市場経済システムは、**私有財産制度**（財産を個人が所有できる制度）が確立していることが前提条件だ。日本では、財産の私有が認められており、その売買も自由である。

ただし、財・サービスの品質を守るため、また、消費者が不適当な商品を購入して被害をこうむらないよう、公正な取引のための規制、安全のための規制、品質維持のための規制などが設けられている。つまり、これらのルールを守れば取引は自由ということだ。

市場経済の国では、公共交通料金などの例外を除いて、多くの財が市場で取り引きされて価格が決まっていく。

このように、市場で価格と量が決定されることを**市場メカニズム**、市場で決まる価格を**市場価格**という。

会社のまわりにある「市場」をイメージしてみよう

市場は無数にある。たとえば、あなたがパンを製造している食品メーカーに勤めているとする。

パンを製造するためには、原材料の小麦粉が必要だ。カレーパンならばカレー粉、肉、野菜、油も買わなければならない。それらをそれぞれの市場で購入する。

製造後は、販売店に卸す市場で売る。そして販売店の店頭は消費者と取り引きする最前線の市場でもある。

さらに、パンの製造工場で新しい生産ラインが必要になると、機械を購入する必要が出てくる。すると工作機械メーカーと交渉する市場で安く機械を買う努力をする。

機械購入のために多額の資金が必要なときは、その資本は金融市場で調達するか、銀行から借り入れる。自社で株や社債を発行して資金を調達するときも、銀行から借りるときも金利が重要になる。借金をするときは、なるべく低金利で調達すれば得だからだ。その金利は債券市場で決まる。

新しい生産ラインで人員を増やす場合、労働市場で人員を獲得する。労働市場では、売り手のアルバイト候補者はバイト代の高い職場を求めているし、調達する企業側はなるべくバイト代をおさえようとする。ここでも市場メカニズムが働くことになる。

このように、さまざまな市場であらゆる財・サービスが取り引きされていることを知っておこう。

●市場は無数にある

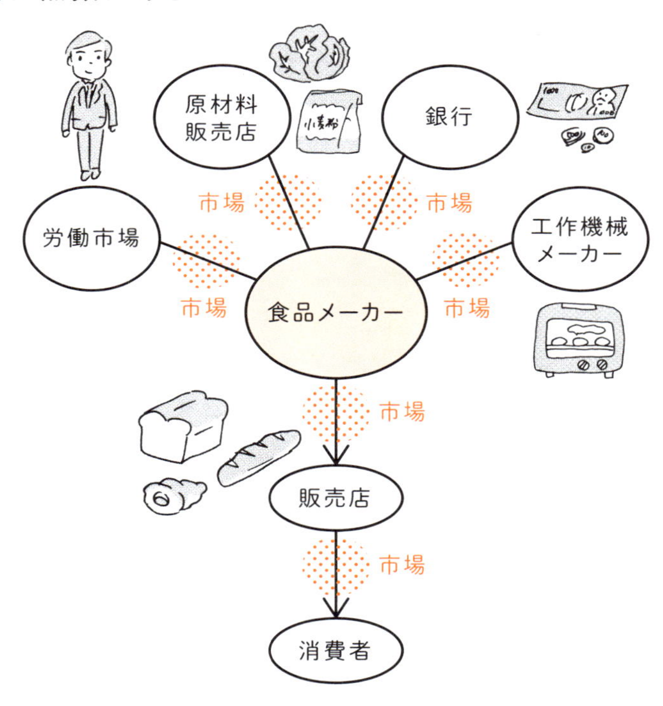

これだけ！

- 市場とは、人々が集まり、財・サービスを交換する場。人々が自由に市場で売買できる経済システムを市場経済システムという
- 市場で価格と量が決定されることを市場メカニズム、市場で決まる価格を市場価格という

2

価格を決めるのは売り手の都合か買い手の欲望か

労働価値説と効用価値説

では、市場で価格はどのように決まっていくのだろうか。

ここではまず、「労働価値説」と「効用価値説」の2つの経済学的な視点を紹介する。

惣菜を自らつくっているスーパーが、おにぎりを消費者に販売する例で具体的に説明していこう。

価格を決める供給側の「労働量」

最初に商品を市場で売り出すとき、つまりまったく新しい商品を販売するとき、あなたがスーパーの経営者なら、どうやって価格を決めるだろうか。

まずは1年間の販売数量を想定する。そして想定した販売数量にかかる原材料費などの「コスト」＋「人件費（労働量）」、それに「利益」を足した額が商品を製造・販売するための総額となる。これを「生産量」で割れば1個当たりの価格（単価）が出てくる。

$$\text{価格（単価）} = \frac{\text{原材料費} + \text{人件費（労働量）} + \text{利益}}{\text{生産量}}$$

ちなみにライバルがいると、お互いの価格を予測し合うので考える要素が増えるが、ここでは単純にライバルはいない状態で考える。ライバルがいないなら原材料費と労働量で価格は決まる。

さらに年間の原材料を先に予約してしまえば、原材料費は1年間でそれほど変動しないので、結局、労働量が価格を決定することになる。

このように供給側から見て「労働量が価値を決める」とする考え方を**労働価値説**という。価値はお金によって価格として示される。19世紀の終わりまでは、この労働価値説だけが重視されていた。

価格を決める需要側の「効用」

一方、商品を買う側、つまり需要側から考えてみよう。

たとえば、コンビニやスーパーでおにぎりは1個100円くらいで販売されている。原材料費、人件費、そして利益を計算し、1個100円という価格が出たのだろう。

しかし、店頭では閉店間際になると価格はどんどん下がっていく。これは、スーパーが閉店までに売り切りたいからだ。

おにぎりに対する欲望が低い人も販売の対象にしているため、スーパーは価格を下げて需要を増やそうとする。この欲望のことを経済学では**効用**という。効用とは、英語のutilityで、人間の満足度、欲望の強さ、幸福度といった意味だ。

スーパー側はすべて売り切りたいので、値下げして消費者の効用を刺激する。あなたの近所のスーパーでも、閉店数時間前から100円のおにぎりがどんどん値下げされているはずだ。

需要側から見ると、最終的におにぎりの価格を決めるのは、人々の効用だということにもなる。この考え方を**効用価値説**という。

消費者の効用価値を見誤った事例にユニクロ（ファーストリテイリング）の価格戦略がある。

ユニクロは、2014年に5％、15年に10％の値上げをした。しかし、売上は増えるどころか急減してしまった。供給側が値上げした結果、需要曲線（→19ページ）は動かず、購買量が急減してしまったのである。

つまり、消費者の効用から導かれるユニクロ製品の価格は、値上げ後の価格よりかなり低かったわけだ。1個100円のおにぎりが150円に上がった感覚だったのかもしれない。

ユニクロはこうした結果をみて、すぐに価格を引き下げ、売上は回復基調にもどった。

このように、価格を決める（プライシング）というと、労働価値説の考え方だけをイメージするかもしれないが、労働価値説と効用価値説の両方の考え方を知っておかなければならないのだ。

これだけ！

- **価格は労働量によって決まるとするのが労働価値説**
- **価格は人々の効用によって決まるとするのが効用価値説。効用は英語のutilityで、満足度、欲望の強さ、幸福度といった意味**

コラム　新古典派経済学はこうして生まれた

労働価値説に基づく古典派経済学に対して、人々の効用が価値を決めるとする効用価値説が登場したのは19世紀の終わりである。

1871～74年にかけて3つの国の3人の経済学者がほぼ同じ発想の論文を発表し、価格への見方を大きく変えた。3人とは、

・イギリスの**ウィリアム・ジェヴォンズ**（1835～82）
・スイスのフランス人**レオン・ワルラス**（1834～1910）

・オーストリアの**カール・メンガー**（1840〜1921）

ワルラスはローザンヌ大学教授、メンガーはウィーン大学教授として大きな影響力を持ったため、それぞれのちにローザンヌ学派、オーストリア学派（ウィーン学派）を形成することになる。

ジェヴォンズはロンドン大学教授だったが40代で水難死したため、その後はケンブリッジ大学の**アルフレッド・マーシャル**（1842〜1924）が継承した。したがってケンブリッジ学派と呼ばれている。

こうして、古典派に対して、需要から見た価格決定のメカニズムを重視する新古典派が誕生し、現代の主流経済学が形成されることになった。

思想的には、古典派も新古典派も**自由主義**、あるいは**自由放任主義**だ。**政府の介入（規制）を排し、市場の自由にゆだねれば、経済は最適な状態になる、**という経済観である。

3

価格は市場でどう決まるのか

需要と供給の法則

価格の決定について労働量と効用の2つの側面を紹介したが、実際の市場価格は、どちらかだけで決まるわけではない。

供給側と需要側が一致して満足できる価格（市場価格）へ調整されていく。この調整過程が市場メカニズムであり、**需要と供給の法則**だ。

需要と供給の法則では、市場に多くの供給者と需要者が存在することが前提条件だ。

さらに、人々が**合理的な行動を取ること**も前提としている。

需要者は、供給者の価格を比べ、だれもが安く買おうとしている。供給者は市場で競争し、みんなたくさん売って儲けたいと考えている。

これを図に表すと図3-1のようになる。

まず、需要側の消費者は、価格が下がれば下がるほど買いたい気持ちが増して購買量が増える。したがって**需要曲線は右下がり**となる。

供給側の企業は、価格が上がっていくと売上が増えるので、生産量を増やしていく。したがって**供給曲線は右上がり**となる（図3-2）。

●【図3-1】買う側（需要側）の動き

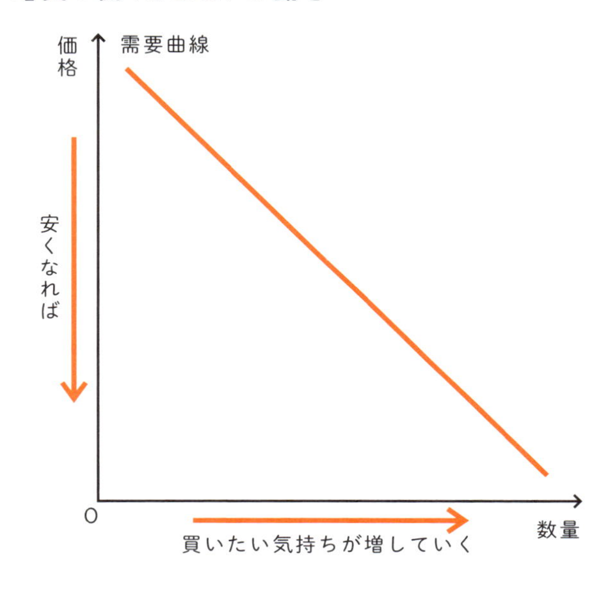

●【図3-2】売る側（供給側）の動き

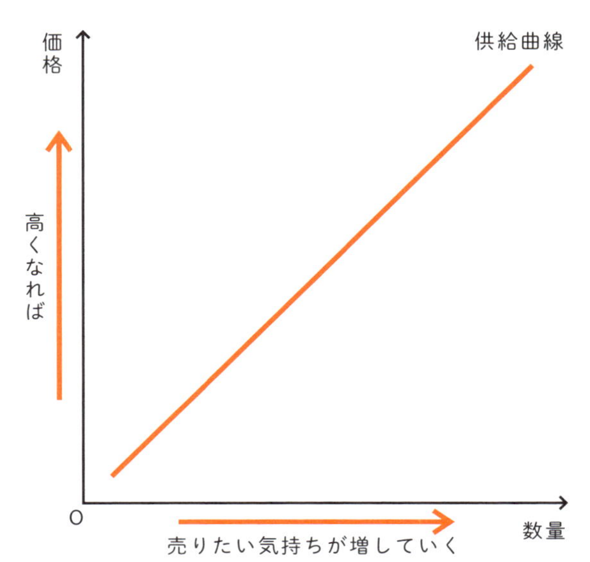

需要曲線と供給曲線を合わせると、ひとつだけ交点が生まれる。これが**均衡点**で、ここで価格と数量（購買量・生産量）が一致する。

これを需要と供給の法則といい、**均衡点で市場価格が決まる**（図3-3）。

あなたが消費財メーカーの営業担当であれば、人気が出た製品の市場価格は上がるので、その製品の営業に力を入れる。

人気が出て売れるということは、需要量が増えるので、需要曲線Dは同じ傾きのまま右へシフトしてD′となる。すると均衡点はEからE′へ移動する（図3-4）。つまり市場価格は上昇する。

反対に、人気が落ちて需要量が減ると、需要曲線は左へシフトし、価格が下がる。自社製品がライバル製品より価格が下がっていれば、人気が落ちているということになるので、なんらかのテコ入れ策を考えなければならない。

こうしたことが市場価格の観察でわかるのである。

世の中にあるいろいろな「価格」を整理しよう

ここまでは、需要と供給の法則によって市場価格がどう決まるかを説明してきた。

一方、日常でよく聞くのは「定価」という言葉だろう。定価とは、メーカーが定めた価格で、**メーカーが販売代理店である小売店で定価販売させることができる価格のこと**だ。

商品には、定価があるものとないものがある。日本では書籍、雑誌、新聞、音楽ソフト、タバコといった限られた商品だけが定価販売（再販売価格維持）を認められている。

●【図3-3】需要と供給の法則

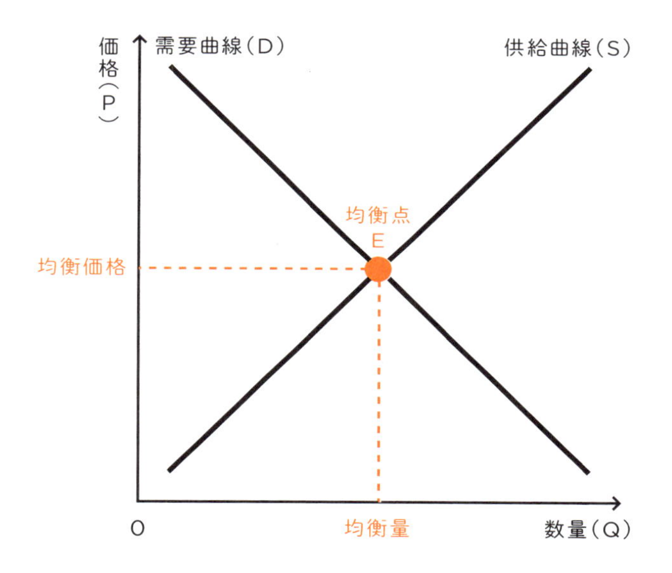

●【図3-4】人気が出た商品の市場価格は上昇する

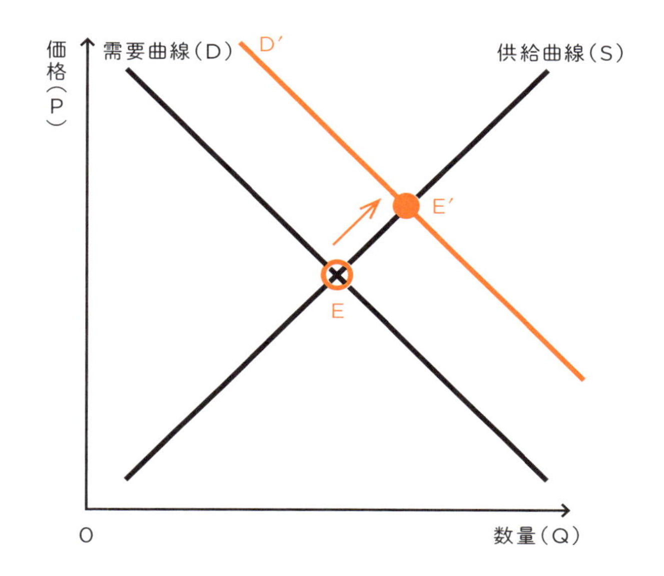

これは**独占禁止法**（※1）で規定され、**公正取引委員会**（※2）が監視している（政府・国会が価格を認可・決定する公共料金は別）。

※1　独占禁止法：市場経済システムを発展させるために戦後の1947年に制定された法律。公正な競争市場の維持を目的にして、売り手の独占的、協調的、不公正な経済行動を禁止している。定価販売も市場経済システムにはなじまないとするが、著作物などは、国民生活の向上のために必要だとして例外になっている。
※2　公正取引委員会：独占禁止法を運用する機関として内閣府の外局として設置され、行政処分を科す権限をもっている。

定価販売を認められた例外的な商品以外に定価は存在しない。メーカーが設定できるのは、**希望小売価格**や**参考小売価格**である。実際の販売価格（小売価格）を決められるのは小売店だけで、**メーカーは小売価格には介入できない。**

メーカーから商品を仕入れた小売店は、需要（消費者）の動向や競争相手（ライバルの小売店）の様子を観察しながら価格を決める。

もちろん、メーカーからの仕入価格を上回らなければ利益は出ない。利益幅は、その小売店のコスト（店舗のコスト、人件費、光熱費など）に依存するので、常にコストをコントロールしなければならない。

小売店によっては、「メーカー希望小売価格から40％OFF」といった表示を出している。数万円超の家電製品では1990年代までよくこのような表示があり、「3割、4割引は当たり前！」と毎日CMを流していた家電量販店もあった。

しかし、**希望小売価格は市場価格ではない。**実際の市場価格が2万円のテレビでも、メーカー希望小売価格が4万円ならば「5割引」として売られていた。

こうした事態に対して公正取引委員会が注意を促し、現在では、そのような表示はほとんど見られなくなったが、街の小さなショップではまだ目にする。どの価格に対する「オフ」なのか、よく観察しておくといい。

そして2000年以降、とくに家電製品などの耐久消費財の分野では**オープン価格**が多い。メーカーは小売価格に対する参考意見すら示さず、オープン（自由）にしているという意味だ。

小売店は仕入価格（卸売価格）をベースに、需要動向や競合他社の様子を観察して自由に価格を決定している。店頭で取引が次々に成立すれば（よく売れれば）、それが市場価格になる。

なお市場価格は、商品によっては時間単位で変わるものもある。

たとえば、スーパーやコンビニの惣菜売場を観察すると、閉店間際に大幅に値引きされる。

これは、供給側の「早く売りたい気持ち」が増し、需要側の購買量を増やすために価格を下げるわけだ。売れ残るよりも、大幅に安くして売ってしまえ、ということだ。廃棄コストを考えれば、全体としては得なのである（図3-5）。

●【図3-5】需要を増やすために価格を下げる

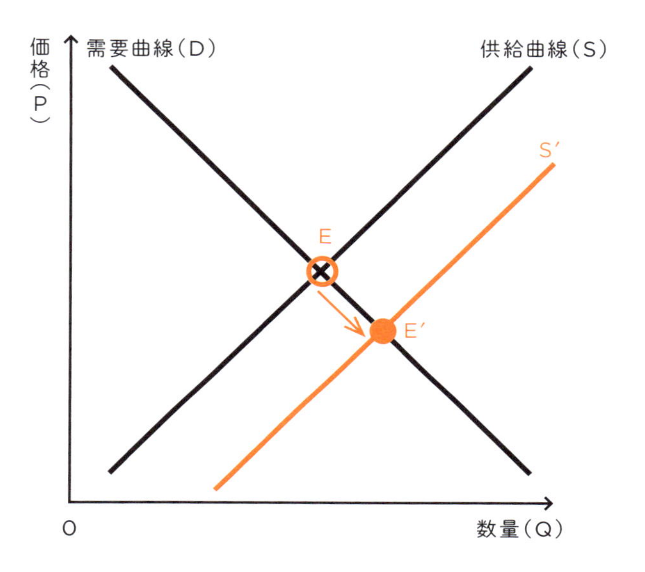

これだけ!

- 供給側と需要側が一致する価格を**市場価格**という。市場価格は変動する
- 市場価格は**需要と供給の法則**によって決まる

コラム 「需要と供給の法則」はどう生まれたのか

「理屈はわかったけど、どうして需要と供給の法則では**『生産量=購買量』**と考えるのか」と思ったあなた、よく気がついた。

二百数十年前に始まる経済学の原点に立ち返って考えてみよう。市場メカニズム（需要と供給の法則）によって社会全体が構成されていると考えたのが**アダム・スミス**である。

「見えざる手」という言葉はなんとなく知っているかもしれない。スミスは、経済活動を人々の自由にして放っておけば豊富な商品が生まれ、最適な価格と生産量が「見えざる手」に導かれて決まり、人々の生活も豊かになる、これこそが国民の富だ、と考えた。[注1]

アダム・スミス
（1723～90）
スコットランド生まれの経済学者。貿易による金銀財宝の蓄積を国富とする重商主義を批判し、経済社会の調和的な発展を説いた

アダム・スミス以降、およそ100年間、このような自由主義のイギリス古典派経済学の時代が続いた。

古典派の経済学者は、基本的に供給側から市場を見ていた。つまり、**「供給はそれ自身の需要を創造する」**と考えたのだ。売れ残ることは理論上ありえず、価格が下がればすべて需要される（=売れる）、したがって「生産量=購買量」としたわけである。これを**セイの法則**という。フランスの経済学者ジャン=バティスト・セイ（1767～1832）が考案した古典派の命題である。

そして、100年後の新古典派の経済学者たちは需要側から考えた。その後、アルフレッド・マーシャルは両者のアプローチを合わせ、需要・供給曲線をつくって需要と供給両側の行動を描き、その交点で最適な価格と量が決まるとした。注2 マーシャルは1885年にケンブリッジ大学の初代経済学教授に就任した人物だ。

アルフレッド・マーシャル

（1842〜1924）

ケンブリッジ大学数学科卒業後、経済学の研究者となる。ケンブリッジ大学初代経済学教授。需要と供給の法則など、数理経済学を発展させた

こうして需要と供給の両側から市場メカニズムを観察する手法ができた。企業が販売計画を立てるとき、小売店が値付けをするとき、私たちが買い物をするとき、すべての市場参加者が需要・供給曲線を知らず知らずのうちに頭に描いて行動しているのである。

4

経済学的に美しい市場の条件

完全競争市場

需要と供給の法則では、需要側も供給側も「価格」を中心に行動することが前提である。

価格が低下すれば需要側の購買量は増していき、供給側の生産量は減る。価格が上昇すると需要側の購買量は減り、供給側の生産量は増える。需要曲線は右下がり、供給曲線は右上がりとなる。

しかし、あなたが何かを買うとき、価格の安さだけで商品を選ぶだろうか。需要と供給の法則は、同じ商品ならば価格の安いほうを選ぶとする合理的な人間像を前提にしているが、人間はデザインだけで選ぶ場合もあるし、価格が高くてもブランドの魅力を優先させる場合もある。

たとえば、コンビニでミネラルウォーターを買うとき、プライベートブランド商品は価格が安い。それでも、有名なブランド商品の高い水も売れている。人間とは、なかなかやっかいな存在なのである。

このような人間の性質を**限定合理性**という。つまり、合理性には限界があるということだ。価格だけを基準にして完全に合理的に行動するわけではなく、そもそも人間は限定合理的な存在だというわけだ。限定合理性は、英語でbounded rationalityという。経済学用語なので覚えておくといい（限定合理性については第2章でくわしく考える）。

ネット通販が実現する「完全競争市場」

合理的な人間を前提におき、需要と供給の法則が完全に機能している美しい市場のことを**完全競争市場**という。完全に自由競争が実現している市場のことである。

完全競争市場は、現実経済ではネット通販やネット・オークションで実現している。楽天、Yahoo! などのネット通販市場が拡大しているが、ここには完全競争市場がディスプレイに表示される爽快さがある。

ネット通販では、まったく同じ商品が違う価格で出品されている。同じ店頭（ディスプレイ上）で、まったく同じ商品が異なった価格で売られているケースは、リアルな経済では見受けられない。

ネット通販では表示された商品を価格順にソートし、消費者は価格の安いほうから買うことができる。ここでは需要曲線と供給曲線の一致が目に見えるわけだ。

●ネット通販で見られる完全競争市場（楽天市場より）

完全競争市場が成立するための条件について、アメリカのノーベル賞経済学者ジョセフ・E・スティグリッツ（1943〜）はこう書いている。注3

完全競争市場の条件

1.多数の市場参加者（生産者や消費者）が存在
2.財・サービスの質は同等
3.財・サービスに関する情報（価格、スペック、購入販売先）を市場参加者全員が持つ（情報の対称性）
4.市場への新規参入や撤退は自由

専門用語が多いので、ひとつずつネット通販を例にして見ていこう。

1.多数の市場参加者（生産者や消費者）が存在
ネット通販では、同じ商品に多数の出品者がいるケースが多い。利用者は価格だけで選択する
2.財・サービスの質は同等
中古の状態や送料の違いを除き、新品であれば価格以外の差は同等
3.財・サービスに関する情報（価格、スペック、購入販売先）を市場参加者全員が持つ（情報の対称性）
利用者は、その商品の情報を商品説明文などで知ることができる
4.市場への新規参入や撤退は自由
ネット通販への新規出店、撤退は頻繁で自由

このようにネット通販市場は、完全競争市場の条件をほぼ満たしていることがわかる（ただし、実際は価格以外の要素が入り、完全競争市場が実現しないこともある）。

日本最大のネット・オークション市場はヤフオクだが、世界ではアメリカのイーベイだ。イーベイは1999年に日本へ進出したが、ヤフオクに敗れて2002年に撤退した。その後はヤフオクと提携している。

イーベイが日本へ進出したころ、当時のイーベイ社長マーガレット・ホイットマンに会ったことがある。彼女は経営者には珍しくプリンストン大学経済学部の出身で、物理学も経済学も修めた人物だ。イーベイを業界で世界一に育てた経営者である。彼女は以前、このようなことを話している。

「イーベイは世界で一番大きな私的市場だとよくいわれます。大学で経済学の最初の講義で覚えた需要と供給の法則がそのまま表れています。ですから、米国の大学の多くでは、イーベイを講義で取り上げているのです[注4]」

このようにネット通販の市場では、目の前で需要と供給が均衡する場面を見ることができるので、完全競争市場を実感できるのだ。

これだけ!

- **人間の自由で合理的な行動を前提とし、需要と供給の法則が完全に機能している美しい市場のことを完全競争市場という。現実にはあまり存在しないが、ネット通販やネット・オークションで観察できる**
- **完全競争市場の条件は、①多数の市場参加者が存在、②財・サービスの質が同等、③需要側も供給側も同じ情報を持っている、④市場への参入・撤退が自由**

5

なぜ企業は市場を独占してはいけないのか

独占・寡占市場と情報の非対称性

完全競争市場に対して、その条件を満たしていない市場を**不完全競争市場**という。

少数の企業が市場を支配している**寡占市場**や、1社が支配する**独占市場**が不完全競争市場の例だ。

先進国は、公正で透明な市場システムを維持し、独占を排して競争を促進するために国内法で監視し、違法行為を取り締まっている。日本の国内法は独占禁止法で、その運用は公正取引委員会（公取）が行なっている。

市場の効率化を阻害する「独占」と「寡占」

では、どうして独占はよくないことなのだろうか。

独占市場の場合、1社だけが供給しているわけだから、右下がりの需要曲線、右上がりの供給曲線は存在しない。**供給曲線は高価格のまま、水平に寝てしまう**（図5-1）。需要側はその企業からしか購入できないので、需要が増えようが減ろうが価格は変わらない。

したがって市場メカニズムは働かず、市場の効率化は進まない。これでは健全な経済成長の阻害要因にしかならない、というわけだ。

●【図5-1】独占市場の供給曲線

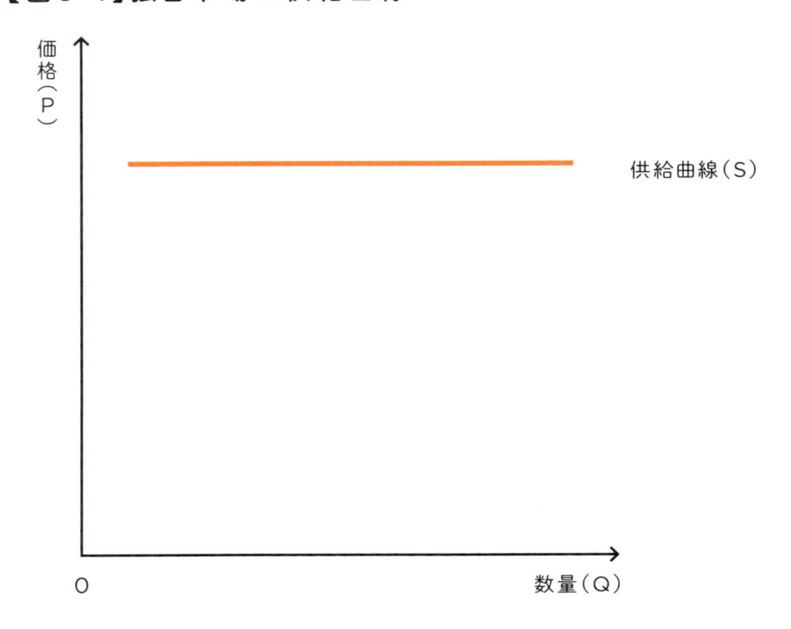

こう言うと、「水道、ガス、電気といった公共事業やエネルギーは独占じゃないか」という声が聞こえてきそうだ。

水道の場合、民営化して競争原理を持ち込んだとしても、水道管を多くの企業が敷設するのは経済全体から見て無駄になる。

一方、電気やガスの場合、送電線やガス管を独占企業から取り上げ、民間企業に開放すれば、通信のように競争市場にすることができる。各国で電力・ガスの自由化、競争市場化が進んできたが、日本でもようやく2016年から始まった。だいぶ時間がかかりそうだが、これからは電気やガスも市場で複数の企業から購入できるようになる。

また、少数の企業しか参入していない寡占市場の場合は、**談合**が起きやすい。たとえば、ある自治体が道路建設の入札を行なうとする。参加企業は限られ、数社程度だろう。
　すると数社が裏で話し合い、入札金額を決めてしまう。これを談合という。談合すれば競争せずに高値で落札でき、利益が増えることになる。企業間で落札する順番を決めてしまえば、必ず儲かる機会を得られるわけだ。談合の結果、自治体は市場価格より高値で落札企業へ費用を支払うことになる。税金の無駄遣いとなるのだ。
　談合は独占禁止法によって違法行為とされており、告発されて逮捕者が出る事件もしばしば起きている。

　このように、独占や談合によって、他の企業の参入や個人の経済活動を阻害しないためにルールをつくり、守らせることが政府の大きな役割だ。これが市場を守る規制である。
　多くのビジネスを喚起するような規制が必要だが、実際はこれまでの歴史上でつくられてきた既得権益者を守る規制が多い。これらの規制を外していくことを**規制緩和**という。
　なお、規制が多すぎて経済の拡大が損なわれることを**政府の失敗**といい、規制緩和をしすぎて野放図(のほうず)な状況となり、経済が崩壊する事態へ進むことを**市場の失敗**という。どちらもありうる。

理想の市場はほとんど存在しない

　談合などの市場経済を破壊する明らかな違法行為はともかく、現実によく観察されるのは**情報の非対称性**である。
　スティグリッツの完全競争市場4つの条件（→29ページ）のうち、3つ目の「財・サービスに関する情報（価格、スペック）を市場参加者全員が持つ（情報の対称性）」をクリアするのはなかなか難しい。供給側の企業は、ヤバいことを隠そうとするからだ。この供給側と需要側で同じ情報を持たないことを情報の非対称性という。

情報の非対称性についてはいろいろな事件がある。

2016年4月に発覚した三菱自動車工業の軽自動車燃費捏造（ねつぞう）事件が記憶に新しい。燃費を5〜15％も高く見せかけていた事件だ。

軽自動車は安価で、維持費も低いため人気がある。価格はどれも似たり寄ったりだから、性能、とくに燃費で選択する消費者が多い。

ここで虚偽のデータを出していたわけだから、消費者に対する詐欺行為のようなものだ。信頼を失うと市場からは閉め出され、大きな代償を払うことになる。結局、三菱自工は日産自動車の資本傘下に入り、再建を目指すことになった。

この三菱自工の例のように、メーカーに情報が集中し、消費者に正しい情報が行き渡らないと（情報の非対称性）、品質の悪い商品が出回ることになる。このような市場を**レモン市場**という。

レモンとは英語の俗語で、品質の悪い中古車のことだ。レモンは皮が厚く、果実の状態がわからない。中古車も外観がきれいであれば、中身が傷んでいてもわからない。それで、「中古車＝レモン」という俗語が生まれた（もちろん、中古車市場がすべてレモン市場だと言っているわけではない）。

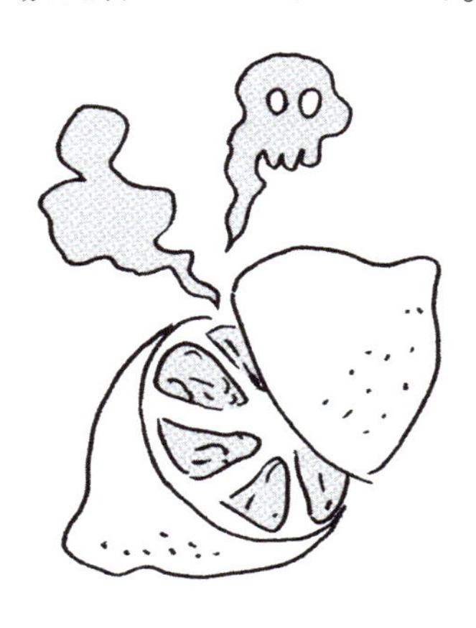

品質の悪い商品が出回ると、賢い消費者はやがて売り手が正しい情報を出していないことに気づく。すると、この市場では粗悪品を前提として価格がどんどん下がっていくことになる。

レモン市場の研究で知られているのは、アメリカの経済学者ジョージ・アカロフ（1940〜）で、彼はスティグリッツらとともに情報の非対称性の研究で2001年のノーベル経済学賞を受賞した。

ちなみに、アカロフの夫人はFRB（連邦準備制度理事会）議長のジャネット・イエレン（1946〜）である。すごい夫婦だ。

これだけ！

- 市場メカニズムが働かない**独占市場**や**寡占市場**を、**不完全競争市場**という
- **公正取引委員会**は、公正で透明な市場システムを維持し、独占を排して競争を促進するために**独占禁止法**を運用し、違反行為を取り締まっている
- 供給側と需要側で同じ情報を持たないことを**情報の非対称性**という
- 独占市場では**市場メカニズムが働かず、経済の効率性が阻害される**
- 寡占市場では、**談合**などの不正がおきやすい

6 さまざまな業界で不毛な「値下げ競争」が起きる理由

囚人のジレンマとナッシュ均衡

完全競争市場ならば、需要曲線と供給曲線の一致点で最適な解が求められる。これが市場メカニズムのポイントだった。

ところが実際には、少数者がしのぎを削る市場（寡占市場）では、最適ではなく、劣った状態で均衡する場合がある。これはミクロ経済学の**ゲーム理論**によって解明されている[注5]（まるでゲームのようにプレーヤー間の問題を解いていくのでゲーム理論という）。

現代の経済学は、現実に即した複雑な問題も取り扱うようになっているのだ。

現実の商売も分析できる「囚人のジレンマ」とは

代表的なゲーム理論のモデルを**囚人**（しゅうじん）**のジレンマ**という。まず、司法取引を例にとって囚人のジレンマを説明しよう（図6-1）。

ある犯罪によって逮捕された2人（AとB）をそれぞれ別室で尋問する。2人には事前に次のことを伝える。

- **どちらも黙秘して自白しなければ、2人とも刑期1年**
- **どちらかが黙秘、もう片方が自白した場合は、黙秘したほうの刑期は30年。自白したほうは釈放**
- **どちらも自白した場合は、2人とも刑期10年**

「2人ともに黙秘して自白しなければ刑期1年」。これが2人にとって最適な解だ。

しかし、Aはこう考える。「もしBが自白する場合、おれが黙秘すればおれの刑期は30年になってしまう。Bが自白し、おれも自白すると10年。裏切られる可能性があるのなら自白したほうが得だ」。

一方、Bが黙秘する場合、「おれが自白すればBは30年の刑期で、おれは釈放。おれも黙秘した場合は2人とも刑期1年。Bが黙秘した場合でも、自白したほうが得だ」と考える。

いずれの場合でも自白しかない。

Bから見ても同じことだ。こうして2人とも裏切って自白し、最適ではない均衡状態（2人とも刑期10年）になった。最適な解の「2人とも刑期1年」に比べると劣った状態なので、これを**劣位均衡**という。

●【図6-1】司法取引における「囚人のジレンマ」

B ＼ A	黙秘（協調）	自白（裏切り）
黙秘（協調）	Ⓐ刑期1年 Ⓑ刑期1年 最適な解	Ⓐ釈放 Ⓑ刑期30年
自白（裏切り）	Ⓐ刑期30年 Ⓑ釈放	Ⓐ刑期10年 Ⓑ刑期10年 劣位均衡

このように、他の選択肢がなくなった状態を**ナッシュ均衡**という。ナッシュ均衡とは、どのような場合でも、必ずだれもが「満足」する均衡解が存在することを数学的に証明したものだ。囚人のジレンマの図を見れば理解できるだろう。

そして、この均衡解は必ずしも最適な解ではないわけだ。「満足」とは、最適という意味ではない。自らの行動によってはそれ以上の利得を得られない状態のことだ。

価格戦略で起きるナッシュ均衡

ゲーム理論、とりわけナッシュ均衡を理解しておけば、ラーメン屋の競争まで分析できる。経済学が生活や仕事に密着した場面で使えるのだ。

では実際に、現実の商売で考えてみよう（図6-2）。

同じ街でラーメン屋が軒を接して2店、となり同士で毎日しのぎを削っている。2軒のラーメン屋を「ダイヤモンド軒」と「ルビー亭」とする。

競争は激しい。近所に牛丼店やハンバーガー店、コンビニもある。ダイヤモンド軒の売上は先月から前年同月比でマイナスになってしまった。おそらくルビー亭も同様だろう。

さてどうする。もっと来店者を増やしたいし、売上も伸ばしたい。

ダイヤモンド軒の店長はこう考えた。現在、一番人気があって売上も増えている味噌ラーメンを700円から800円に値上げしたい。しかし、ライバルのルビー亭の味噌ラーメンも人気があり、同じ700円だ。両者同時に値上げできればともに儲かるが、裏切られるかもしれない。

お互いに暗黙裡に協調して100円値上げすれば、両者ともに「売上上昇」で、これが最適な解だ。コストも上がっているのでお互いに値上げの時期だと考えている。

しかし、もしルビー亭が裏切って逆に100円値下げし、ダイヤモンド軒が100円値上げすると、600円と800円で価格差は大きい。ルビー亭は「売上大幅上昇」、ダイヤモンド軒は「売上大幅下落」だろう。つまり、値下げしたほうが得だ。

反対にダイヤモンド軒が裏切って値下げし、ルビー亭が値上げすると、ルビー亭は「売上大幅下落」、ダイヤモンド軒は「売上大幅上昇」となる。

両者が互いに裏切り、ダイヤモンド軒が値下げしてルビー亭も値下げすると、両者ともに「売上下落」だろう。「大幅下落」と「下落」を比べれば、「下落」のほうがまだマシだから、結局、値下げしたほうが得になる。こうして両者がともに裏切って値下げし、売上はともに下落してしまった。

●【図6-2】価格競争における「囚人のジレンマ」

		ダイヤモンド軒 D	
		値上げ(協調)	値下げ(裏切り)
ルビー亭 R	値上げ(協調)	D 売上上昇 R 売上上昇 最適な解	D 売上大幅上昇 R 売上大幅下落
	値下げ(裏切り)	D 売上大幅下落 R 売上大幅上昇	D 売上下落 R 売上下落 劣位均衡

これが価格戦略における囚人のジレンマである。両者の売上が上昇する最適な解ではなく劣位均衡になり、だれも喜ばない状況になってしまった。

かつて、ハンバーガーや牛丼の低価格競争が激化したことがあったが、おおむねこのような囚人のジレンマ、つまりナッシュ均衡に近い状態だったと思われる。

囚人のジレンマから脱するには、まったくカテゴリの違う新しいラーメンを開発し、競争の激しい味噌ラーメン市場からサヨナラすることである。

完全競争市場のような多数の競争者が存在し、情報の対称性が維持された市場よりも、このような少数者がしのぎを削る市場がたくさんあることに注意しよう。このラーメン屋2軒のような関係を**戦略的相互依存**という。

ゲーム理論が普及するまで、経済学は理想的な完全競争市場の分析ツールだったので、以上のようなラーメン屋の競争などは分析の対象外だった。

しかし、現実の経済社会にはあらゆる戦略的相互依存がある。コンビニの競争でも無数の市場参加者があるわけではなく、少数の戦略的相互依存だ。牛丼チェーンも衣料品もそうだし、「週刊ダイヤモンド」と「週刊東洋経済」のような経済誌の市場もそうだろう。

注意しておきたいのは、囚人のジレンマのモデルでさえ、「人間は合理的に動く」という命題を前提にしている点だ。

非合理的に動くラーメン屋が出現するとナッシュ均衡はなくなる。もっと経営者の心理学的な分析、脳神経科学的なアプローチが必要になる。それが近年、研究者が増えている**行動経済学**である。

本書では経済学の最先端までは行かないが、第2章では最先端の入口までご案内しよう。

ただし、もっと重要なのは、需要と供給の法則に始まる経済学の基礎である。基本的な経済学の地図を持たず、いきなりゲーム理論や行動経済学の本を読んでも不毛な時間をすごすだけだ。まずは基本から勉強しよう。

これだけ！

- 市場は最適な解を導かないことがあり、それは囚人のジレンマのモデルを使って分析できる
- それ以外に選択肢がなくなった状態をナッシュ均衡という

コラム　映画化もされた「ナッシュ均衡」発見者の人生

ナッシュ均衡に名前を残している数学者が**ジョン・ナッシュ**である。

1928年生まれのナッシュは、プリンストン大学博士課程に在籍中の1950年に博士論文「非協力ゲーム」を発表し、ナッシュ均衡を数学的に定義した。なんと22歳のときである。驚くべき大天才だ。

ところがその後、30歳で統合失調症を発症し、入退院を繰り返す。ほとんど幻想の世界の住人となり、プリンストン大学のキャンパスを徘徊していた。

輝かしい天才数学者の人生は暗転するのだが、二十数年後の1980年代後半、奇跡的に回復。そして1994年、「非協力ゲームの均衡分析への貢献」によってノーベル経済学賞を受賞した（3人の共同受賞）。

私はそのころ「週刊ダイヤモンド」編集部に在籍していたが、ナッシュが生きていたことにまず驚いた。歴史に名前を残していたが、まったく動静は伝えられていなかったからである。

その後、1998年にナッシュの評伝『ビューティフル・マインド』（シルヴィア・ナサー著）がアメリカで出版され、邦訳も2002年に新潮社から出た。

二十数年も統合失調症で彷徨(ほうこう)し、回復してノーベル賞を受賞するまでを描いた感動的なノンフィクションである。注6

このノンフィクションを原作とする映画がアメリカで2001年、日本でも2002年に公開された。ロン・ハワード監督による美しくも残酷で知的な映画だった。アカデミー賞4部門でオスカーを獲得した名作である。主演はラッセル・クロウ、妻アリシア役がジェニファー・コネリーで、彼女は助演女優賞を受賞している。

ジョン・ナッシュ

（1928〜2015）

プリンストン大学博士課程に在学中、「非協力ゲーム」でPh.D。その後、統合失調症に悩むが80年代に回復。94年にノーベル経済学賞受賞

それから十数年、名声は天まで駆け上がり、夫妻で各国に招かれていたが、なんと2015年、夫妻を乗せたタクシーの事故により、2人とも亡くなってしまったのである。

7 企業が値下げして売上を増やすための条件

需要の価格弾力性

ここで説明する**需要の価格弾力性**とは、うんとやさしく言うと、**「安くすると売上が減るのか増えるのか、そしてそれは、何を基準に考えればいいか」**という問題だ。

たとえば、競争相手と囚人のジレンマにはまり、売上が減少してしまったラーメン屋は、ライバルがいなければ値下げによって客を大幅に増やせたかもしれない。この点について、経済学の視点で考えていこう。

売上が増える価格の下げ方とは

価格を変化させて需要が増減する度合いは、「需要の価格弾力性」という数式で表される。とてもかんたんな式だ。

$$\text{需要の価格弾力性} = \frac{\text{需要量増加率}}{\text{価格引下げ率}}$$

価格を20％下げたら需要量が20％増えた。つまり20％÷20％で需要の価格弾力性は1である。

ということは、20％値下げした結果、需要増加率が20％を超えれば、価格弾力性が1を超えることになる。これなら価格を引き下げる効果を期待できる。

ラーメン屋を例にとれば、味噌ラーメン700円を630円に値下げすると価格変化率（引下げ率）は0.9（10%引下げ）だから、需要（来店者）が10%以上増えれば売上は増える可能性がある。たとえば、価格を10%引き下げて、来店者が20%増えれば売上は増加する。

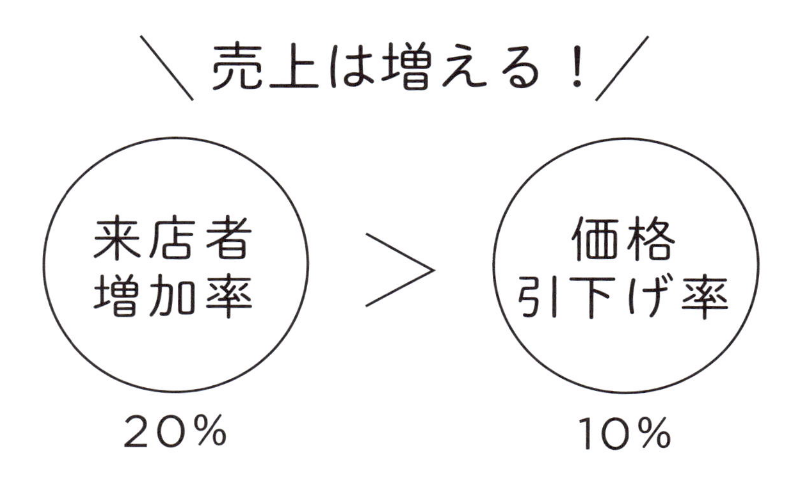

実際はコストのコントロールも必要で、やってみなければわからないが、指標をはっきりしておくことで方針は立てやすくなる。一種の実験だが、ビジネスには実験精神とチャレンジ精神が必要だ。

これだけ！

- 安くすると売上が減るのか、買う人が増えて売上は増えるのかを判断する基準に**需要の価格弾力性**がある
- 需要の価格弾力性は、**需要量増加率÷価格引下げ率**で計算できる

コラム 「需要の価格弾力性」の社会実験

実際に、価格を引き下げて需要の変化を見る大規模な社会実験が行なわれた。東京湾横断道路（東京湾アクアライン）の料金引下げ実験だ。

アクアラインは1997年に完成したが、普通車の通行料が2009年時点で3000円と高く、通行量（需要量）は低迷していた。おりしもバブル崩壊不況のまっただ中だったため、総事業費1兆4409億円という巨大公共事業は、税金の途方もない無駄遣いとして知られることになった。

そこで、2009年8月から社会実験として、ETC普通車を800円へ値下げした。大幅な値下げによる需要量の変動を実験することになったのである。実験は2014年3月まで続いた。

その結果、実験開始前の1日当たり通行量2万800台が、平均1日当たり3万4600台に増えたのである。需要の価格弾力性の式にあてはめると、分子の需要量増加率が66%、分母の価格引下げ率は73%だから、価格弾力性（弾性値）は0.9となる。

1に届いていないので売上は減少したわけだ。その減少分は、千葉県と国、つまり納税者が負担している。

では、無駄だったのかというと、そんなことはない。ETC普通車の値下げによって通行量は1日当たり66%増えたわけだが、アウトレットやショッピングモールなどの大型商業施設が木更津市に集積し、東京湾対岸の横浜・川崎、さらに東京へバスで通勤する住民が増えた。

ちなみに、2014年の消費税増税後の普通車通常料金は3090円、ETC普通車実験料金は800円のままである。

木更津市の人口は2005年（12万3150人）以降、継続して増加している

(2014年は13万2246人)。社会実験の経済波及効果は約358億円にのぼるとされる(東京湾アクアライン料金引下げ社会実験協議会)。

バブル崩壊の1990年代以降、駅前はシャッター通りが続き、さびれた町並みで知られた木更津市で人口が増えたのは画期的なことである。経済効果は目を見張るものであり、社会実験の継続が決まったのは当然だろう。

ただ、継続実験期間は10年と言われているものの、政府は「当分」としか言っていない。千葉県の納税者負担は累積して増えていくことになるので、今後の見通しを明らかにする必要があるだろう。アクアラインの恩恵を受けていない県民のほうが多いからだ。

なお、商業集積や人口増加などの効果を経済学では**外部経済**という。アクアラインというシステム内部では売上が期待したほど増えていなくても、そのシステムの外部で経済が拡大したわけだ。

一方、通行量がそれ以前より増えた結果、渋滞が頻繁に起きたり、騒音問題が発生するなどの問題も生じる。これを**外部不経済**という。現状では、外部不経済はそれほど発生していないようだ。

8

売れている商品をむやみに増産してはいけない

限界効用逓減の法則

経済学には**限界概念**という考え方がある。これから働くあなたにとって、限界概念はとても重要な考え方のひとつだ。

ここでいう限界はリミットのことではなく、**マージナル**（端っこ）である。つまり、**追加1単位当たり**という意味だ。経済学では「限界〇〇」という用語が頻繁に出てくるが、すべて「追加1単位あたりの増加分」を指すことを覚えておこう。

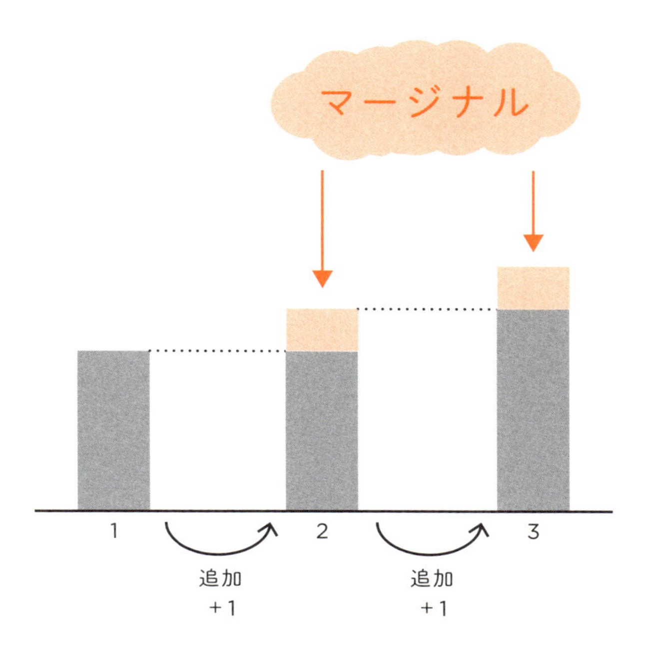

追加1単位当たりの効用は減っていく

追加1単位当たりの効用を**限界効用**という。そして限界効用が逓減（ていげん）する（だんだん減っていく）ことを、**限界効用逓減の法則**という。

具体例で考えてみよう。閉店間際のスーパーで半額に値下げされたおにぎりを5個買った。空腹だったので、帰宅するとすぐに食べ始めた。

1個目のおにぎりに対する満足度（効用）は大きい。この効用を20とする。2個目を食べると満足度はさらに上がり、効用は30に増えた。3個目を食べると効用は35に増えた。4個目の効用は37だった。5個目の効用は38に増え、ここで満腹となった。こうして総効用（全体の効用）は増加していったことがわかる。

しかし、総効用（効用全体）は増えているが、おにぎり**追加1個当たりの効用は減少している**ことがわかるだろう。2個目のおにぎり（追加1個）を食べたときの単位当たり効用は30 − 20 = 10である。この追加1単位あたりの増加した効用が限界効用だ。

・2個目の限界効用は10
・3個目は35 − 30 = 5
・4個目は37 − 35 = 2
・5個目は38 − 37 = 1

おにぎりに対する限界効用は、20、10、5、2、1と減少している。これが限界効用逓減の法則だ。

●【図8-1】「総効用」は増えるが「限界効用」は減っていく

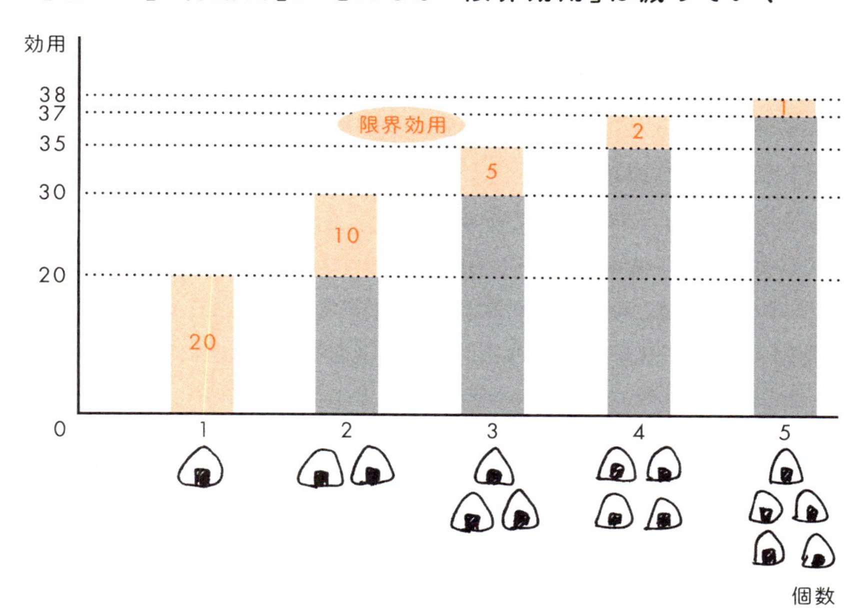

むやみに増産してはいけない理由

限界効用逓減の法則を知っていれば、**やみくもに商品を生産して在庫を積み上げるよりも、どこまで売ればいいかを予測し、市場の状況に応じて時間軸を立てることが重要だとわかる。**商売の基本となる考え方でもある。

漫画の単行本（コミックス）の出版を例にして考えてみよう。コミックスには数十巻や100巻に及ぶ大長編があるが、多くの作品は10〜15巻で終わっているように見える。

コミックス第1巻の効用（満足度）は大きい。読者の満足度は最高位にある。第2巻も若干落ちる程度だ。第3巻、第4巻と続いていくと、効用は逓減し、やがて飽きてしまう。

私の場合、10〜15巻で飽きてしまう。作品自体も、10巻を超えると急激に質が低下し、15巻前後でストーリーが破綻してしまう作品が多い気がする。あくまでも個人的な経験だが。

すると編集者（供給側）は、10巻、あるいは15巻くらいの長さを前提にして全体を組み立て、雑誌連載の期間を設定し、物語の山場を配置し、限界効用が下がりきる前に、完璧に終わらせることを考えればいいことになる（もちろん、メガヒット作はこの限りではない）。

このように、むやみに巻数を増やすより、市場の状況（読者の嗜好の変化、限界効用の減少）を予測しながら時間軸を立てて生産計画を立てることが重要だ。これらを考えずに増産し、結局は在庫の山ということは現実でもよくあることだ。

なお、限界効用において注意すべき点が2つある。

第1に、全体の総効用は増加していること。あくまでも追加1単位当たりの効用（限界効用）が減少していくということだ。

第2に、限界効用が逓減しないこともありうるという点だ。大食い競争をテレビで見ているとわかる。どんどん皿を追加していっても、限界効用が逓減しないように見える人もいる。いくらでもビールを飲める人にとっても、ビールの限界効用は逓減していないのかもしれない。

これだけ!

- 追加1単位当たりの効用がだんだん減っていくことを限界効用逓減の法則という

コラム　限界効用逓減の法則はどのように発見されたか

限界効用逓減の法則を説明するとき、私はしばしばカツ丼1杯、2杯、3杯……と増やしたときの効用の変化を例に取ってきた。これは20代のころ、慶應義塾大学の経済学者、加藤寛氏（1926〜2013）に教えてもらった事例である。

では、140年以上前の経済学者たちは、何を観察して限界効用逓減の法則を発見したのだろう。価値効用説で登場したジェヴォンズ、ワルラス、メンガーの著作を読んでみた。[注7]

イギリスのジェヴォンズは、水、パン、衣服を例に挙げていた。

まず水。1日1クォート（約1.1リットル）の水は人の生存にとって必要な量だから高い効用になる。厨房などで使う水を除けば、1クォート以上の水の効用はだんだん低下する。それどころか多すぎればマイナスの効用、つまり有害になる。

次の例はパンだ。1日1ポンド（約454グラム）のパンは人を飢えさせない量だ。効用は高い。2個目のパン1ポンドは、まあまあの効用となる。3個目のパン1ポンドは、無用になる。

次は衣服の例。毎年1着の衣服は、必要なもので効用は高い。2着目は、あれば便利だ。3着目は、望ましいもの。4着目は、持っていても悪くはない。5着目以上は、だんだんどうでもよくなる。限界効用は逓減している。

ジェヴォンズは以上のように説明していた。

スイスのフランス人経済学者ワルラスは、小麦と燕麦（えんばく）（馬の飼料）の交換を例にとる。ある小麦農家が、自家消費のための小麦を除いて、残りを馬のための燕麦と交換すると仮定する。

燕麦が無償ならば、彼は飼い馬のための燕麦を必要なだけ需要する。しかし燕麦の交換価値が、小麦の1／1000、1／100、1／10、1／5……と上がっていけば、彼は需要を減少させていく。やがてまったく交換しなくなる。

たとえば、燕麦100リットルを得るために小麦1万リットルが必要となると、農家は馬を1頭も飼えなくなり、需要はなくなる。

これは需要と供給の法則を説明することにもなっているが、ワルラスはここで描ける効用の曲線（逓減する）を欲望曲線と呼ぶ。「欲望の強度」の変化を見るわけだ。数学（代数、幾何学）で記述されているが、このワルラスの説明が、多数の財が市場で均衡する条件を観察する経済学（一般均衡理論）の最初の一歩となった。

ウィーン大学のメンガーは、食欲と喫煙欲を比較して欲望の強度の変化を観察し、限界効用逓減の法則を導いている（図8-2）。

欲望の強度（必要度）の差による財（物）を、右から左へ強い順に10種類（ローマ数字）並べる。

Ⅰは食欲である。10から順に下へ満足度は逓減していく。おにぎり1個目、2個目、3個目と同じ原理だ。

Ⅴを喫煙欲とする。喫煙欲は食欲より意義は小さい。しかし、食欲が逓減して6まで減ると、喫煙欲の最初の6と同じになる。つまり、食欲のほうが喫煙欲よりも高い意義があるが、6まで下がると喫煙欲の最初のレベルと同じになり、喫煙欲の強度はその時点で食欲と並ぶことになる。この時点で喫煙欲が出てくることになる。

3人の経済学者は、こうして人間の欲望を数値化することに成功している。とくにメンガーは代数や幾何学を使わずに、数列で説明しているところがユニークだ。数値化できたことによって、経済学は科学に近づいたともいえる。

●【図8-2】メンガーによる限界効用逓減の図

9

なぜクルマは新型車とマイナーチェンジを繰り返すのか

収穫逓減の法則

法則の話が続くのでお断わりしておくが、法則といっても、経済は人間の活動だ。例外のない法則はない。物理学だって、時間や空間が延びたり縮んだりする量子力学や相対性理論のような物理法則があるわけだから、経済にも法則と反対に動く現象がありうることを知っておいてほしい。

次に説明する**収穫逓減の法則**（売上がどんどん増えても儲からなくなる法則）も、おおむね生産活動で起こりうる経済現象のことであり、例外はもちろんある。例外については収穫逓増の法則で説明することになる。

収穫逓減の法則も「限界概念」を使う。別名、**限界生産力逓減の法則**ともいう。

なぜ売上が増えても儲からなくなるのか

では、「売上がどんどん増えても儲からなくなる」とは、いったいどういう事態だろうか。

自動車を例にして考えよう。ある自動車会社がニューモデルを発売した。自動車を生産するには、土地、労働、資本の投入が必要だ。自動車に限らず、あらゆる商品の生産・販売に必要な要素である。これを**三大生産要素**という。

話を単純にするため、土地（たとえば工場用地）は一定だとする。つまり工場用地は増やさない。大ヒットすれば、その新型車を生産するための労働と資本が増えていくことになる。つまり、投入する人とカネが増えていく。

この新型車は大ヒットし、増産することになった。毎月1000台増産するために、労働者と設備（労働と資本）を1単位（1000人と1億円）投じた。

ヒットが続き、3か月後、さらに1000台増産するために労働者と設備を1単位追加する。そしてさらに3か月後に1単位と、生産要素の投入が続く。

3回追加増産すれば、労働者は計3000人追加され、資本は3億円追加される。グラフにすると、生産量（収益）は右上がりに増えていることがわかる（図9-1）。

●【図9-1】労働・資本を追加すれば生産量（収益）は増える

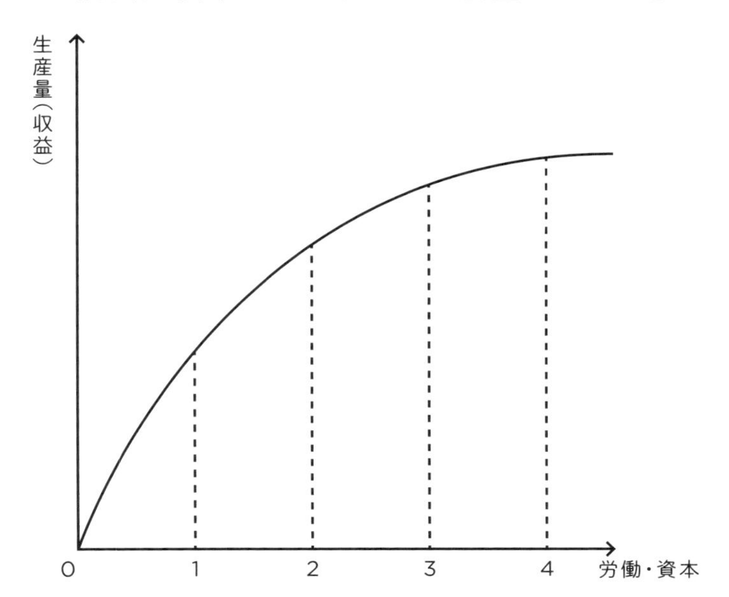

しかし、**限界収益（生産要素追加1単位当たり収益の増加分）は減っていく。**

なぜならば、増産するたびに労働者が増え、全体の人件費は上がってくる。労働者の数が初期に3000人だったとすると、追加3回で合計1万2000人となっている。人件費は4倍に増えたことになる。

生産設備も追加しているので、資本の投入も積み上がっている。資金を銀行から借り入れているとすれば、金利の負担も増えていく。つまり、全体のコストも累積的にどんどん増えているわけだ。

また、自動車業界は競争も激しい。同じクラスの新型車がライバル社から発売されれば、販売コストや宣伝費もどんどん増えることになる。

こうして、全体の売上はぐんぐん伸びていっても、**生産要素追加1単位当たりの収益の増え方は減少していく**ことになる。限界効用逓減の法則と同じ動きだ。

●【図9-2】収穫逓減の法則

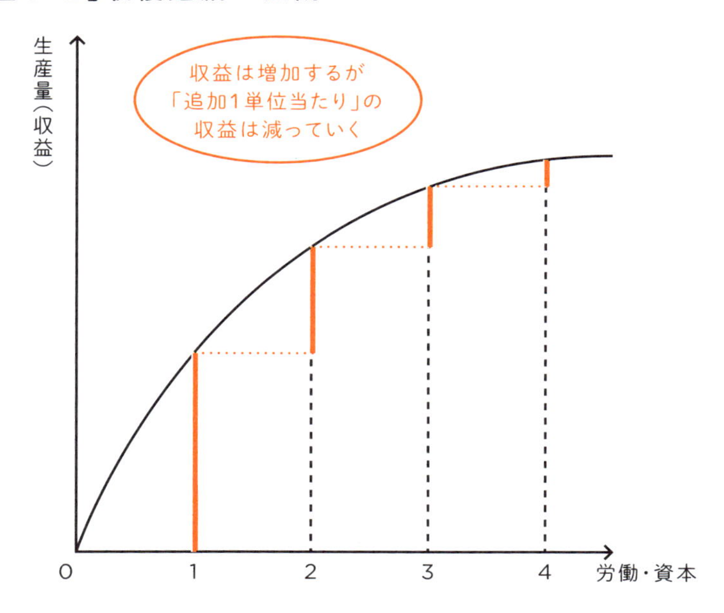

売上はどんどん増えているので、ここに気がつかないと大変だ。次から次へと人と資本を投入し、やがて限界収益がコストを下回り、利益が出なくなってしまう。

企業はこのことを百も承知で、慎重に生産計画を立てている。ヒットしたからといって、むやみに増産しているわけではない。

もっと身近なラーメン屋の開業を目指すケースを考えよう。まずはヒット商品を生み出す必要がある。ユニークなラーメンをつくり、毎日行列のできるヒット商品の開発に成功したとする。

生産量（収益）はどんどん伸びる。現状3人の店員では回せなくなってきた。そこで店員を1人増やす。それでも回らず、さらに1人増やした。生産要素のうち、労働を2単位追加したわけだ。

しかし、思ったほど利益は伸びない。総売上が増えても、2人分の人件費を支払ったあとの利益はそれほど増えず、逆に生産要素追加1単位当たりの収益の増加分は減少してしまった。

需要が強いのだから価格を上げればいいのだが、競争は激しい。同一価格帯のラーメン屋が近くにあるので、こちらが値上げすると客はライバル店へ流れてしまうだろう。需要と供給の法則からすれば、価格を上げられるのだが、現実にはそうはいかない。

収穫逓増の法則が頭に入って入れば、やみくもにビジネスを拡大することがよくないことがわかる。

なお、収穫逓減の法則を使ううえで、限界効用逓減の法則と同じように注意すべきポイントがある。

第1に、生産要素追加1単位当たりの生産量（収益）の増加分が減少するというもので、**全体の生産量（収益）が増えている場合に限る**ということだ。全体の売上と利益が減少し続けている場合は、生産要素の追加投入はありえない。市場から撤退し、このビジネスは失敗だったということになる。

第2に、財・サービスの内容によってチャートに描かれるグラフのピッチや傾きは異なることだ。自動車を1台200万円、ラーメンを1杯700円とすれば、単価で約2857倍も違うので、収穫逓減の速度もピッチも違うのは当然である。

法則とは原理であって、具体的なケースに応じて考え、予測しなければならない。

限界概念が経営を安定させる

限界効用逓減の法則、収穫逓減の法則で使った限界概念を知ると、企業の生産計画の意図がわかるようになる。

たとえば、自動車はおよそ2年でマイナーチェンジして、4年でフルモデルチェンジするが、こうした時間軸を立てて生産計画を立てることが重要だとわかる。

2年で人々の限界効用は下がり、収穫逓減のグラフ通り、生産要素追加1単位当たりの収益の伸び率も下がりきってしまう。

そこで、2年後に新機軸の機能を付加したマイナーチェンジで人々の欲望に火をつけ、さらに2年後にはフルモデルチェンジ（ニューモデルと同じ）することになる。

そして、1年間を月ごとに分けて12種類の車のマイナーチェンジ、ニューモデルを市場へ出せば、それぞれの収穫逓減のグラフを毎月ズラしながらつくれるので、会社全体としては毎年の収益を伸ばすことも可能になる。もちろん、クルマがヒットしなければ無理だが、このように経営計画を立てることは可能だ。

自動車会社が新型車を次々に発売するような経営方法をラーメン屋に置き換えると、2号店、3号店を出店する方法もある。

出店するたびに同じ問題が起きるが、店舗を増やして生産量が2倍、3倍に増えれば、原材料の調達コストは大幅に下がることになる。

人件費のコントロール、労務管理は複雑になっていくが、店から企業への飛躍になるだろう。

これだけ!

- **総生産量（総収益）が増えても生産要素追加1単位当たり生産量（収益）の増加分が減っていくことを収穫逓減の法則、あるいは限界生産力逓減の法則という**

コラム　インテルのチック・タック戦略

世界最大の半導体メーカー、インテルはCPU（MPU）で世界市場の80%を制している。1980年代後半からトップシェアを維持しているエクセレント企業だ。

1990年代から市場で圧倒的に優位にあるが、実は1980年代は当時のDRAM（随時書き込み読み出しメモリ）の開発競争で日本の半導体メーカーに敗れている。

1985年にはこの市場から撤退し、MPUに集中した。1992年にMPUでシェア1位になると、その後は追随を許していない。独占禁止法に抵触するほど大きくなったため互換メーカーが登場しているが、それでも首位は揺らいでいない。

どうしてだろう。インテルのCEOを長年務めたアンドリュー・グローブ（1936～2016）は快進撃を始めて数年後にこう語っている。

「(撤退した)DRAMの開発チームが、もうひとつのMPU開発チームになったため、二チームが交互に次世代の研究開発に着手できるようになりました。つまり、第二世代のMPUが誕生するころには、すでに第三世代の開発も進んでいるというわけです。その結果、われわれは業界でトップにのし上がることができたのです[注8]」

同時に2チームで開発を進め、順番に新世代のチップを市場に送り出したのである。

このころには、互換メーカーの攻勢も激化していたので、価格を引き下げてシェアを維持することもやっている。

つまり、自ら収穫逓減の速度を上げてライバルの利益率も下げ、その間に次の準備を進めていたわけだ。自分で自分の首を絞めつつ、新製品の開発を急いでいた。これは当時、インテルの**カニバライゼーション(共食い)戦略**と呼ばれていた。

この戦略は、2006年以降は**チック・タック・モデル**として整理され、公表されている[注9]。

チック・タックは時計のチクタクである。インテルは、製造プロセスのイノベーションによる製造の微細化をチック、プロセッサー・マイクロアーキテクチャーのイノベーションをタックとした。つまり、**改良(チック)と開発(タック)の両輪である。**

チックとタックは毎年交互に製品として発売されてきた。これは、半導体の集積率は2年で2倍になる、というムーアの法則にもだいたい準拠している。ムーアはインテルの創業者の1人、ゴードン・ムーアのことで、ムーアが1960年代の論文で予測したものだ。

2016年3月にインテルはチック・タック・モデルを修正し、タック(新アーキテクチャー）の最適化を3年目に置くことにしている。チック・タックの2拍子は3拍子になった。テンポは遅くなったことになる。

それでも、収穫逓減の法則を抜け出すインテルの戦略は四半世紀経っても有効なのだ。

10

IT業界が儲かる経済のメカニズム

収穫逓増の法則

これまで例にあげてきたビジネスは、小売店、スーパー、家電量販店、自動車会社、ラーメン屋、アクアラインといった身近なビジネスや公共事業だった。こうした伝統的なビジネスでは収穫逓減の法則が働くことが多い。

しかし、収穫逓減の法則とまったく逆に、生産要素（土地・資本・労働）を1単位ずつ投入していくと、生産量（収益）の増加分がどんどん増えていくビジネスがある。インターネットが普及し始めた1990年代半ば以降、まったく正反対の**収穫逓増の法則（限界生産力逓増の法則）**が働くビジネスが成長しているのだ。生産要素、すなわち労働や資本など、費用を1単位ずつ投じた結果得られる生産量（収益）の増加分がどんどん増えていくビジネスだ（図10-1）。

インターネット普及以前は、独占市場が収穫逓増の代表例だった。独占市場の場合、増産に対するコストが増えれば、そのコストに利益を上乗せすればいいからだ。価格（料金）はコスト上昇に合わせて値上げすればよい。しかし、通常の市場では競争が激しく、コスト増に合わせて値上げするわけにはいかない。

それがインターネットの普及により、増産に対するコスト増が極限まで下がり、通常の市場でも収穫逓増が実現したのだ。ネットでデジタル商品を売れば、増産に対するコストはほとんど増えない。スマホのアプリは典型的な例で、あとで登場するミクシィはスマホゲームの開発と販売で急激な売上増と利益増を実現した。

●【図10-1】収穫逓増の法則

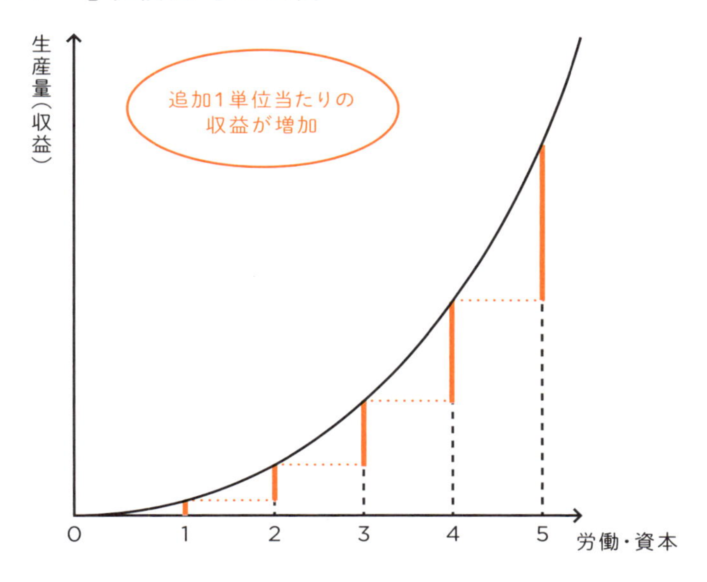

●【図10-2】ネットの普及で増産コストが極限まで下がった

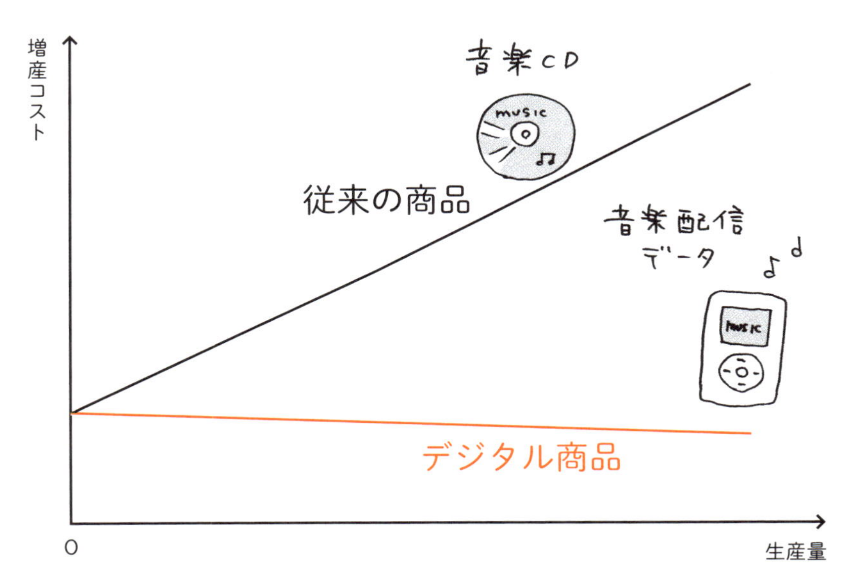

世界を席巻する「収穫逓増モデル」の企業

21世紀に入ると、新興のアメリカIT企業が収穫逓増の法則に乗ってすさまじい勢いで成長していく。

オフィスではパソコンを使うが、日常的にはスマホやタブレットなど、モバイルが現在は主流だ。モバイルのOSは、2016年時点でアップルのiOSとグーグルのアンドロイドが市場を二分している（国によってシェアはだいぶ違うが、日本ではほぼ二分）。

モバイル市場では、さまざまなアプリを供給する企業が収穫逓増を実現している。たとえば日本のSNSで知られるmixi（ミクシィ）は、SNS市場ではFacebookに敗れたものの、2013年10月に発売したスマホゲーム「モンスターストライク」の投入で急激に成長した。

スマホゲームの追加生産要素（労働・資本）はほとんど増えない。課金は通信会社が行なう。ユーザーはダウンロードするだけだ。ヒットすればかんたんに収穫逓増になる。

ミクシィの売上高（営業利益）は、2014年3月期で122億円（5億円）と中堅企業並みだったが、「モンスターストライク」のヒットが始まった結果、2015年3月期には1129億円（527億円）と、売上で9.3倍、営業利益で105倍（!）と、絵に描いたような収穫逓増となった。2016年3月期は2088億円（950億円）とさらに増えているが、そろそろ収穫逓増のカーブは収穫逓減に移ろうとしている。

こうした収穫逓増企業は、次の段階へ進むため、蓄積した資本をもとにしてM&Aを行ない、事業を拡大させる。ミクシィもネット企業をさかんに買収している。

しかし、一番儲けているのはプラットフォームを提供しているグーグルとアップルだろう。何もしなくてもコミッション（手数料）がどんどん入ってくる。両社の収穫逓増モデルはゲーム会社の上を行く。まったく止まらない。

ちなみに、世界の企業時価総額ランキング（2016年9月末）のベスト10（180合同会社調べ）は、次の通りだ。

時価総額は、「発行株式数×株価」で計算される。企業の価値を端的に表した数字だ。

【世界の企業時価総額ランキングのベスト10】

1. アップル
2. アルファベット（グーグル）
3. マイクロソフト
4. アマゾン
5. フェイスブック
6. エクソン・モービル
7. バークシャー・ハサウェイ
8. ジョンソン&ジョンソン
9. ゼネラル・エレクトリック
10. アリババ

※2016年9月末時点

アップルの時価総額は6091.6億ドル、日本円に換算すると約63兆円だ。アルファベット（グーグル）は5434.1億ドル（約56兆円）、マイクロソフト4487.7億ドル（約46兆円）である。1〜6位まで並ぶアメリカのデジタル収穫逓増企業に対して、10位のアリババは中国のネット企業だ。ついにベスト10に中国企業が入ってきた。

日本企業は、50位以内では31位にトヨタ自動車が1762.8億ドル（約18兆円）で1社だけ入っているにすぎない。

これだけ！

- **追加生産要素1単位当たりの収益が逓増することを収穫逓増の法則という。インターネットの普及により収穫逓増のビジネスが増えている**

コラム　ビル・ゲイツの収穫逓増モデル

本書の読者は、おそらく物心ついたときからネットが身近に存在し、電子メールがコミュニケーションの主要なツールになっていたはずだ。

インターネットは収穫逓増の必要条件である。なぜならば、通信費、輸送費、販売経費、人件費を世界規模で引き下げるからだ。

デジタル化時代に適応したネット企業に就職する人もいるだろうし、そのような会社を起こす人もいるだろう。若い企業家がたくさん誕生することは、日本経済にとって望まれることである。

収穫逓増の法則を研究し、実際に適用した最初の経営者はマイクロソフトのビル・ゲイツだろう。1995年にパソコンOSのWindows95を発売し、瞬く間に世界市場を制覇していった。21世紀にアップルが巻き返しに転じたとはいえ、パソコンOSの全世界シェアはWindowsが90%である（2016年時点）。

ビル・ゲイツはWindows95の発売と同時に著書を出版している。執筆したのはWindows95発売の直前だ。その中でこう書いている。

「ポジティブフィードバック（好循環）のサイクルがはじまるのは、成長期の市場にあっては、なんらかの目的を実現するためのある手段が、競争相手と比べてわずかなアドバンテージを持っているときだ。ごくわずかなコスト上昇で大量生産することができ、互換性が商品の価値をある程度まで左右するハ

イテク製品に関しては、ポジティブフィードバックがもっとも起きやすい」[注10]

マイクロソフトは、低価格のOSをコンピュータ・メーカーに低額でライセンス供与し、Windowsの使用とロゴの記載を許可していった。これによって、WindowsをOSの**事実上の標準（デファクト・スタンダード）**にしたのである。これを**市場のロックイン（固定化）**という。その後はOfficeなどのアプリケーションで莫大な利益をあげることになる。「ごくわずかなコスト上昇」で利益は逓増していくことになった。

著書によると、ビル・ゲイツがロックインを観察し、研究したのは1970年代末以降のビデオカセットレコーダー方式をめぐるソニー（ベータ方式）と日本ビクター（VHS方式）の戦いだった。

ビル・ゲイツの観察では、初期のベータの録画時間は1時間、VHSが3時間、この差によってビクターがわずかにリードすることになった。1時間では映画を録画できないというわけだ。

また、ビクターはロイヤルティを低く抑えて世界の電機メーカーにライセンス供与した。これによって急激にVHSが市場を制していくことになる。

初期のちょっとしたアドバンテージがポジティブフィードバック（好循環）のメカニズムを回し、収穫逓増となったのだ。ビル・ゲイツはこの手法を取り入れた。

ビデオレコーダーはハードウェアだが、VHSのビデオソフトも激増することになり、1980年代の数年でVHSは完全に市場を制した。しかし、1990年代後半のデジタル時代に消滅していく。ビクターはネット企業にはなれなかった。

第2章

仕事と生活に生かせる10の経済学思考

経済はインセンティブの連鎖で動いている

インセンティブ契約理論

第1章では、社会人として最低限必要な経済理論の基礎を説明した。完全競争市場の需要と供給の法則から始めて、実際の経済社会で起こりうる囚人のジレンマ（ナッシュ均衡）や、市場をロックインする収穫逓増の法則まで学んだ。

第2章では、経済学思考について説明しよう。経済学思考とは、経済学における基本的なモノの見方や考え方のことだ。常識とは違う論理が出てくるので注意しよう。

会社を取り巻く利害関係者たち

まず、インセンティブという経済学思考を導入した理論について学んでいこう。[注1]

インセンティブには「誘因」や「刺激」といった意味がある。つまり、人の行動や意思決定に影響を与える要因だ。

インセンティブから、たとえば身近なところでは株式会社の仕組みがわかってくる。

あなたは3つの経済主体でいうと、家計、企業（公務員ならば政府）に属すわけだが、あなたが勤める会社の経営者（取締役）はどのような人たちだろうか。そして、社員であるあなたとの関係、株主と経営者との関係を考えてみよう。漫然と会社員でいるのと、仕組みを理解しているのとでは、働き方も変わってくるはずだ。

まず、会社を取り巻く利害関係者にはどのような人たちがいるかを確かめてみよう。利害関係者のことを英語で**ステークホルダー**という。

「週刊ダイヤモンド」は、大正2年（1913年）の創刊号に、以下の「想定する読者」を並べている。

- **各銀行、企業、そしてそれらの株主**
- **公債社債の所有者（*）**
- **土地家屋の所有者**
- **商店の経営者、その店員**
- **新聞雑誌社**

*：公債とは、国や地方公共団体が財源を得るために発行する借金の証文（債券）で、償還時（返済時）に利子が付く。国が発行する公債を国債、地方公共団体の公債を地方債という。社債とは、民間企業が資金を調達するために発行する債券。購入者は毎期、利子を受け取り、償還時には全額返済される。株の場合は購入者が投資し、資産となるので、投資額が返済されることはない。

このように、企業と利害関係のある法人、個人をステークホルダーという。では、ステークホルダーは何を基準にして動くのか。人は常に損か得かを判断しながら生きている。すべての行動は損か得か、つまり契約上のインセンティブ、あるいは暗黙のインセンティブに影響されて動く[注2]。経済学では以上のように考える。

会社内でも同じことだ。たとえば、雇用関係も契約である。みなさんは入社するとき、給与体系や賞罰規定などの説明を受けることになる。これらをまとめた就業規則を渡され、この時点で会社と契約して入社するわけだ。

株主と経営者のインセンティブ契約

人間社会はインセンティブの連鎖でできていると考える経済理論を**インセンティブ契約理論**、あるいは**インセンティブ理論**、または**契約理論**という。第1章で紹介した囚人のジレンマに代表されるゲーム理論を応用して発達した経済学だ。

ここで前提となるのは第1章で取り上げた情報の非対称性だ。

おさらいすると、すべての市場参加者が同じ情報を持っていると仮定するのが完全競争市場で、需要と供給の法則が成立する条件だ。

しかし、すべての関係者が全員同じ情報を持っていることは、大半の市場ではありえない。これが情報の非対称性だ。

インセンティブ理論では、情報の非対称性を前提として、利害関係者を**委託人**と**代理人**の2種類に分ける。委託人を英語で**プリンシパル（principal）**、代理人を**エージェント（agent）**という。

会社でいうと、あなたが入社した会社の所有者は株主だ。株式会社では株主がプリンシパルで、経営をエージェントに任せる。このエージェントが取締役（経営者）だ。

情報の非対称性で考えてみると、取締役は会社の内容についてすべての情報を持っている。外部に出して都合の悪いことは黙っているかもしれないし、自分の立場を守ろうとしてウソをつくかもしれない。反対に、株主は経営者より情報は少ない。

プリンシパル（株主）の目的は株主利益を最大化したい、つまり株価を上げたいわけだが、両者の利害は

必ずしも一致しない。そして情報はエージェント（経営者）に偏在している。

では、プリンシパル（株主）はどうすればいいか。「情報を隠さず、株価を上げる努力をすれば取締役の報酬を上げる」という契約を結べばいいことになる。こう考えるのがインセンティブ理論で、実際の契約の内容を考察するのが契約理論である。

では、株価を上げるような契約はどうすればいいか。そこで生み出されたのが**ストックオプション**である。ストックオプションとは、あらかじめ決められた株価で自社株を購入できる権利である。決められた価格より株価が上がれば、その権利を持つエージェントは利益を得られるので、エージェントも株価を上げようと動く。

ストックオプションは、社員や取締役の報酬制度として導入され、日本では1997年に商法で認められた。

株価が上昇すれば社員や取締役も儲かるので、プリンシパルとエージェントの利害を一致させることができる。ストックオプションで億単位の報酬を手にする取締役も増えているようだ。ストックオプションは契約理論の応用で生まれた報酬制度といっていい。

完全なインセンティブの設計は難しい

多くの会社の評価制度では、ストックオプションだけではなく、会社の業績を上げ、不正を排除し、よりよい会社生活が送れるようなインセンティブ設計が行なわれている。

一方で、固定給をどの程度にすればいいか設計するのは難しい。報酬を売上と利益に完全に連動させた場合、リーマン・ショックのように突然日本経済全体がダメージを受けると、個人の努力ではどうしようもない事態になる。完全な業績連動型の報酬だと、一挙に社員のやる気がなくなってしまうことになる。

そのため、固定部分と業績連動部分の組み合わせ方が重要だ。これは業界、個別企業の状況で設計方針が変わるだろう。

アメリカのメジャーリーグで、詳細なインセンティブ契約が個別に設計されていることは、すでに周知の通りだ。日本のプロ野球でも、複数年契約、インセンティブ契約は普通に行なわれるようになっている。

しかし、完全にすべての事態を予測した契約の設計は不可能だ。社内だけではなく、取引先や販売先、原料調達先などとも契約が大量に行なわれているわけだが、インセンティブを導入するのは当然としても、必ず免責事項が入ってくる。不可抗力の事態は必ず起きるからだ。

これだけ!

- **インセンティブ**とは「誘因」や「刺激」のこと。人間社会はインセンティブの連鎖で動くとする考え方を元にした経済理論を**インセンティブ理論**、または**インセンティブ契約理論**という
- インセンティブ理論では、情報の非対称性を前提として利害関係者を**委託人**と**代理人**に分ける。企業でいえば、**株主が委託人**、**経営者が代理人**となる
- 企業経営でよく使われるインセンティブ報酬制度に**ストックオプション**がある。ストックオプションとは、あらかじめ決められた株価で自社株を買える権利。その株価より上がれば利益となる

コラム　名声の維持とインセンティブ理論

新車購入と修理代の関係で、インセンティブ理論について考えてみよう。

ある日、クルマの修理のために販売店へ行った。修理費用は8万円だった。販売店は詳細な見積もりと納期が記載されている書類を作成する。これが契約書だ。こちらに詳細な情報をチェックする能力はないが、ことこまかに記載された項目を読んでいると、情報は公開されているという安心感は生まれる。

「納期に間に合わない場合はどうするの？」と聞くと、「代車を用意します」という。絶対に納期に遅れない期日を設定しているのだろうが、高額な商品なので契約に反した場合の影響は大きい。エージェント（販売店）はプリンシパル（顧客）に先んじてさまざまなケースを予測して修理の条件、料金を設定しているのだろう。

なぜこのようなことをするのだろう。情報は非対称なわけだから、ざっくり8万円と請求しても反論できない。

これは、**名声（reputations）の維持がエージェント（販売店）へのインセンティブになっている**からである。詳細を提示せず、納期も適当だったらその販売店の名声は落ちる。顧客にはなんとはなしに不信感がたまるだろう。

名声を維持すれば市場価格が費用を下回ることはない、とスティグリッツも教科書に書いている[注3]。名声はブランド価値であり、とても重要な資産となる。

2

忘れるべきコストはとっとと忘れよう

サンクコスト（埋没費用）

個人の活動においても、企業経営においても、すでに使ってしまって取り返しようがない費用にとらわれてしまうことは多い。この費用のことを経済学では**サンクコスト**という。日本語で**埋没費用**という意味で、意思決定時にとても重要な考え方となる。

たとえば、大学受験の際にもサンクコストは発生している。私大文系の大学受験料は、だいたい3万5000円が相場だろう。第4志望から第1志望まで4校受験し、全部合格したとする。受験料は4校合計で14万円も支払っている。

第1志望に合格したあとで、残り3校分の受験料10万5000円をもったいないと考える人もいるだろう。しかし、これは取り返しようがなく、進学に必要だったお金で、忘れるべきだ。この10万5000円がサンクコストである。

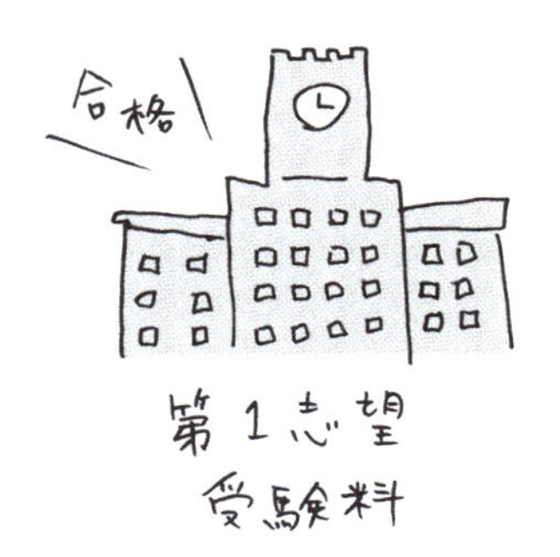

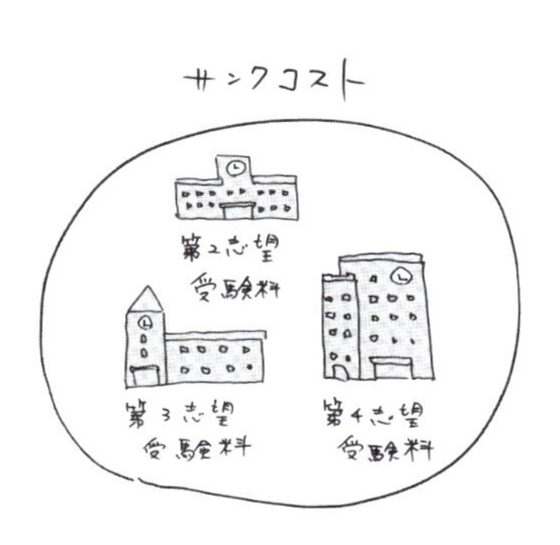

なかなかやっかいな局面にぶつかるのが人生だ。1976年、私が22歳のころ、カラヤン指揮ベルリン・フィルのコンサート・チケットを5000円で買ったことがある。ところが、演奏会2日前に紛失してしまった。

さてどうする。チケットはまだ売っていたのでまた買うことはできる。そのとき、「5000円も出したのになくしてしまった、もうあきらめよう」と考えた。

この5000円がサンクコストだ。どうやっても回収できない。もう1枚チケットを買うと合計1万円だが、サンクコストをとっとと忘れて買い直せばよかったと思う。

株式投資も同様だ。10万円で購入した株が下がり、5万円の損が出たとする。この5万円を取り返そうと、同じ株を底値と思われる時点で10万円分買った。そうすれば平均取得価格が下がるので気が楽になる。

しかし、これは間違い。取り返しのつかない損（サンクコスト）にこだわって買い増ししてしまったわけで、経済学的には間違いだ。とっととあきらめて他の投資を考えたほうがよかった。5万円の損失は投資の学習代だと考えて忘れたほうがいい。

経営で起きる「サンクコストの呪い」

会社の経営やビジネスでも同じことが頻繁に起きる。たとえば大手流通会社の取締役会が傘下の不採算スーパーを10店ほど整理しようと考える。具体的には撤退だ。

ところが、10店の利害関係者（ステークホルダー）は反対する。おおむね「これまでの投資額と苦労した時間をどうするのか。まだ利益を出す戦略はあるはずで、撤退は時期尚早」という意見が出てくるだろう。このようにサンクコストにとらわれることを**サンクコストの呪い**という。だれしもとらわれる発想だ。

このスーパーの場合、「これまでの投資額と時間」がサンクコストである。10店舗すべてが連続して赤字で、黒字に転じるきっかけをつかめない場合、サンクコストはきれいさっぱり忘れなければならない。こだわっていると身動きがとれず、赤字が続くことになる。

経営判断が難しいのは、撤退と同時に次の経営戦略を発表しなければならないからだ。グループ全体で黒字の場合、思い切った戦略を打ち出しにくい。

こういうとき、だいたい株価は下がる。投資家は将来の利益を予測して投資するので、サンクコストの呪いにかけられ、身動きのとれなくなった企業からは逃げ出してしまう。

経営者は、株主の離反、つまり株価の下落に追い立てられて結局は不採算店舗を閉店する羽目になる。しかし、その時点になると株価はあまり上がらないだろう。いちはやくサンクコストを忘れて次の手を打つ会社の株価は上がることになる。

経営者はわかってはいるけれど、サンクコストをきっぱりと忘れて次の手を打つことがなかなかできない。これがサンクコストの恐ろしいところだ。5000円のチケットですらこだわるのが人間なのに、大企業の巨額な投資となればなおさらである。事業を選択して経営資源（生産要素）を集中させる経営者が株式市場で評価されるのはそのためだ。

サンクコストの判断は一律に適用できない

ここまで「サンクコストは忘れるべきだ」と述べてきた。ただし、何から何まで捨ててしまうのはだれにでもできる。経営でいえば、事業が好転するポイントもおさえて判断しなければならない。

しかし、事業の内容、将来性にもよるから、そのポイントは**一律に適用できるものではない。**

身近な買い物の例でも考えてみよう。

自宅のオーディオ機器のデジタルアンプが故障した。まったく音が出ない。おそらくデジタル・アナログ・コンバーターが壊れたのだろう。このアンプは中古で、2年前に5万円で買ったものだ。

購入先の販売店に持って行くと、基板の交換で2万円かかるという。交換して半年後、また壊れた。中古なので保証はない。今度も修理代は2万円だそうだ。「お客さん、それなら中古でまた5万円のアンプが出たので、そっちを買ったほうがいいですよ」と誘惑する。

さてどうする。たしかに2万円と2万円、計4万円だから、再び中古を5万円で買うと、その差はわずか1万円。買い直したほうが合理的かもしれない。

しかし、最初の2万円はもう取り返しがつかず、回収できない。これをサンクコストとして忘れてしまえば、2万円で修理したほうが得だ。

保証付きの新品のアンプが5万円ならば、当然のことながら新品を買ったほうが合理的だが、新品はその4倍の20万円はする。そこで、2万円を支払って2度目の修理に出した。

中古なので再び壊れる可能性はある。しかし、定評のあるアンプであり、気に入っている。新品との価格差は大きいので、中古を5回修理しても問題ない。

一方で、新品との価格差が小さい場合は、サンクコストを忘れて修理に出すのではなく、新品を買う判断もある。

このように、「サンクコストをとっとと忘れよう」といっても、一律に判断できるものではない。修理する選択肢もあったし、新品を買う選択肢もあったが、考慮すべきポイントは時と場合による。ただ、少なくとも「サンクコストは忘れるもの」とする経済学思考は覚えておくべきだ。

これだけ!

- **すでに使ってしまって取り返しようがない費用のことをサンクコストという。サンクコストは忘れるものである**
- **サンクコストにとらわれて身動きが取れない状況をサンクコストの呪いという。企業経営でも頻繁に起きる**
- **サンクコストを捨てるかどうかの判断は、一律ではない。時と場合によって考慮すべきポイントは変わる**

3

「得意技」を考える思考法

比較優位の原理

ビジネスの世界で、「比較優位」という言葉が頻繁に使われている。しかし誤用が多い。

あの商品とこの商品を比較して、この商品が強いとすると「この商品には比較優位性がある」と言ってみたり、「同業のあの会社とこの会社を比べると、あの会社のほうが市場で優位にある。だから比較優位だ」と言ったりする。しかし、これらの使い方は間違いである。

比較優位とは「労働生産性」の比較

経済学の**比較優位の原理**から、比較優位の本当の意味について考えてみよう。比較優位の原理とは、労働生産性の高い財に特化して交易することが相互に利益となることを証明した理論だ。つまり、**得意な分野を見極め、生産性を高めるための考え方**である。国や会社から個人のレベルにまで使える思考法だ。

比較優位の原理は、イギリスの経済学者デイヴィッド・リカード（1772～1823）が、1817年に出版した著書で明らかにしたものだ。[注4]

リカードは、イギリスとポルトガルの貿易を例にとって議論を進める。ポイントは**労働生産性**の比較だ。

次の式によれば、2者を比較して、分母の労働投入量が少ないほうが、同じ産出量の場合は労働生産性が高いことになる。

$$\text{労働生産性} = \frac{\text{産出量}}{\text{労働投入量}}$$

リカードは、イギリスとポルトガルのワイン、毛織物の貿易で比較優位を説明した。まず、両国のワインと毛織物の労働生産性を検討する。

1年間で一定量のワインと毛織物の生産に必要な両国の労働者数は、以下の通りだ。

イギリス：毛織物＝100人、ワイン＝120人
ポルトガル：毛織物＝90人、ワイン＝80人

産出量をすべて100とすると、双方の労働生産性は以下のようになる。

【イギリス】
毛織物　100÷100＝1
ワイン　100÷120＝0.83

【ポルトガル】
毛織物　100÷90＝1.11
ワイン　100÷80＝1.25

2つの財の労働生産性は、どちらもポルトガルのほうが高い。これを**絶対優位**という。

忘れてはいけない「機会費用」

しかし、ポルトガルが毛織物の生産を増やすとすると、その分、ワイン生産の労働量を減らさなければならない。ワインの労働生産性は毛織物より高いので、それではワインを生産すれば得られる利益を逃すことになる。

このように、ある行動を選択すると失われる、他の選択可能な行動の最大利益を**機会費用**という。法律用語では、逸失（いっしつ）利益（本来得られるべきだったのに、得られなくなった利益）というが、こちらのほうがわかりやすい。英語ではオポチュニティ・コスト（opportunity cost）で、直訳すると最善のコストという意味だ。

サンクコストは忘れるべき費用だが、反対に**機会費用は絶対に忘れてはいけない費用**である。

ポルトガルでは、毛織物の生産を増やせば増やすほどワインの逸失利益が増大する。毛織物の自国生産にこだわってワインの機会費用を忘れてはいけない、ということだ。

イギリスは毛織物の労働生産性のほうが高いから、ワイン生産を増やそうとすると、毛織物に投じている労働量を減らす結果となり、毛織物に大きな逸失利益が出る。

したがって、ポルトガルはワインに、イギリスは毛織物に比較優位があることになる。これがリカードの解説だ。

こうしてポルトガルとイギリスがそれぞれ**特意技に特化して交易すると、両国全体の利益が増加する**ことになる。

比較優位の思考で仕事に取り組もう

貿易ではなく、仕事のケースで考えてみよう。

非常に多忙な作曲家がいて、1日で5曲のポップスを仕上げるとする。助手が1人いて、作曲家が手書きした楽譜のメモを整理し、コンピュータに打ち込んで楽譜を仕上げている。これも重要な仕事だ。楽譜の完成で作曲作業は完成するからだ。

この作曲家は、楽譜を仕上げる作業も早く、実は助手より手際がいい。つまり作曲も楽譜完成作業も、作曲家が絶対優位にある。

しかし、作曲家が楽譜完成作業に手を出すと、その時間で1、2曲分の作曲時間が失われる。この時間は1曲か2曲分の機会費用であり、利益を逃すことになるのだ。したがって、助手には楽譜完成作業に比較優位があることになる。

第2回ノーベル経済学賞（1970年）受賞者ポール・A・サミュエルソン（1915〜2009）は、弁護士と秘書の関係で説明している。ある弁護士は秘書業務にも精通していて、文書作成も秘書より早い。

しかし、秘書業務まで弁護士がやると、その時間でこなせる弁護士業務の利益を逃す（逸失利益）。すると弁護士業務の報酬が減り、事務所の経営がうまくいかなくなる。つまり、秘書には秘書業務に比較優位があるわけだ。このように仕事においても、自分の比較優位を考えて取り組むことが大切なのである。

これだけ！

- **労働生産性（産出量÷労働投入量）によって得意分野を見極めることを比較優位という**
- **比較優位の思考法は、ある行動を選択すると失われる、他の選択可能な行動のうちの最大利益を忘れずに考えること**

コラム　比較優位から見る国際貿易の自由化

国際貿易も同じ原理だ。いかなる国にも比較優位の財がある。得意な技で勝負する**自由貿易**こそ国を豊かにするというわけだ。TPP（環太平洋経済連携協定）の発想の元はここにある（ただし、TPPは加盟国以外を排除するものだから、完全な自由貿易とは言えない）。

個人も国も得意技を発見し、磨きをかけることが重要だ。これが比較優位の経済学思考である。

しかし、たとえばイギリスのワイン労働者が毛織物工業の労働者へ転換するには時間がかかる。習熟させるための職業訓練費用もかかる。ワイン労働者の票を背景にして当選した議員は貿易の自由化に大反対する。トランプ米大統領のような政治家が、しばしば「自国の職が他国に奪われている」と主張するのはそのためだ。

この場合、政府はたとえば「ワイン製造から織物工業へ」の産業構造の転換のため、職業訓練費の補助金を支出すればいい。補助金の支出が増えても、将来は比較優位の財の生産に特化した場合の輸出収益が十分に見込まれるので、税収の増加で返ってくるからだ。

比較優位の原則で国際貿易の自由化は進んでいる。しかし、それぞれの国の産業構造が変わっていくには時間がかかる。

自由貿易が富を生むメカニズムは200年前に明らかにされているが、21世紀でも反対論は多い。しがらみの多い国ではなかなか規制緩和も進まない。自由貿易に対して、自由貿易に反対する考え方を**保護貿易**という。

自由貿易論と保護貿易論の対立は200年間繰り返されているが、世界全体が自由貿易を進めようとしているのは間違いない。自由貿易を推進する世界貿易機関（WTO）加盟国は、164か国・地域にのぼるのだ。

人は合理的なのか 非合理的なのか

合理性と限定合理性

2016年のイギリスの国民投票でEU（欧州連合）離脱が決まった。

イギリスにとってはEUに留まるほうに経済合理性がある。関税なしに貿易ができるわけだから、比較優位の原理で考えてもEU残留に合理性があるはずだった。

移民を制限したいという世論が増えたことによるのだろうが、それにしても経済だけから見ると非合理的な国民投票の結果だった。

世の中に合理的ではない結果が溢れるワケ

どうしてそうなったのだろう。人間は完全な合理性をもっていないからである。これを限定合理性（bounded rationality）という。

基本的に経済学は合理的な人間像を前提にしている。需要と供給の法則をはじめ、ゲーム理論もインセンティブ理論でも同じだ。

人は自分の満足度を最大にするために動く（効用の最大化）。同じ品質の商品ならば安いものを選ぶ。要するに、自分にとって最大限、得になるように行動する、ということだ。

企業であれば、利潤を最大にするために原材料を調達し、商品を生産し、販売する（利潤の最大化）。

こうして市場では供給側と需要側が利己的に「効用の最大化」のため

に動くが、やがて両者が一致する価格と数量で均衡する。これが資本主義市場経済の行動原理で、市場メカニズムは放っておけば最適に均衡するという自由主義の経済観に帰結する。まずはこの市場経済の原理をおさえておこう。

一方で、現実の市場には情報の非対称性があり、美しい需要と供給の法則はなかなか存在しない。

つまり、市場経済の原理が働かない場面があるということだ。人々は最大の効用を求めずに悲観的な心理状態になり、閉鎖的になることもある。悲観から脱出するために既存の枠を壊そうとするかもしれない。

こうした人間の限定合理性が、イギリスのEU離脱のような事態を引き起こす。

資本主義市場経済システムが世界の大勢を占めているとはいえ、年々ヘンな政治指導者が登場し、世の中を攪乱(こうらん)するようになったのも、投票する人間の限定合理性のためかもしれない。

さらにビジネスにおいても、人間の限定合理性を常に想定していないと誤った事態を引き起こしかねない。これについては、コラムでくわしく述べる。

これだけ!

- **経済学では、人間は合理的に行動することを前提にしている**
- **しかし、時に人間は合理的ではない行動をすることがある。つまり、人間は完全合理的な存在ではなく限定合理的な存在である**

理論編　サイモンの「限定合理性を克服する意思決定研究」

人間の限定合理性は、実はだれでも直感的にわかっていることだ。同じ品質、同じ価格の商品であれば、ブランド、広告のコピー、デザイン、キャラクターなどのちょっとした差異によって需要側の行動は変わる。高くても品質以外の要素に惹かれる人も多いはずだ。

半額に下がったおにぎりも、手にとって製造元の名声（ブランド）を確認し、海苔の巻き方をチェックしたりする。価格だけで選択していない。

人間の経済行動を、**認知能力の限定合理性**から分析し、組織の設計に役立てる論理を構築したのがアメリカの**ハーバート・A・サイモン**（1916〜2001）である。

サイモンは経済学者で、と言いたいところだが、哲学、心理学、政治学、経営学、認知科学、情報科学から人工知能まで、幅広い領域を横断しながら学際的な研究を続けた20世紀を代表する知識人だった。

ハーバート・A・サイモン

（1916〜2001）

経済学、経営学、心理学、情報科学に及ぶ学際的研究者。人工知能の研究で75年チューリング賞、意思決定過程の研究で78年ノーベル経済学賞

1947年に『経営行動――経営組織における意思決定過程の研究』[注5]を出版し、この研究テーマで1978年にノーベル経済学賞を受賞している。

サイモンは、限定合理性を克服する組織の意思決定過程を考察した。限定合理性という言葉を経済学や経営学に持ち込んだのがサイモンである。

サイモンは、必ず合理的な行動をとる人間像を前提にしていたそれまでの経済学に大きな影響を与えた。そして、経営組織の意思決定過程を限定合理的な人間像をもとに描き、経営学に一石を投じた。

サイモンはまず、合理的な意思決定者について、『経営行動――経営組織における意思決定過程の研究』の中で、次のように定義している。

「客観的な合理性とは以下のことを意味している。行動する主体が、(a) **決定の前に、行動の代替的選択肢をパノラマのように概観し、(b) 個々の選択に続いて起こる諸結果の複合体全体を考慮し、(c) すべての代替的選択肢からひとつを選び出す基準としての価値システムを用いる**、ことによって、自らのすべての行動を統合されたパターンへと形づくることである」注5

そして、「こうした理想的な姿はない、多くのつじつまの合わない要素を含んでいる。もし行動がある期間にわたって観察されるならば、その行動は**モザイク状**の性格を示す」と続けている。モザイク状とは限定合理的だということだが、サイモンはこれを3点にまとめている。

1. 意思決定の選択に続いて起こる結果について、完全な知識と予測を必要とするのが合理的な人間だが、実際には**結果に関する知識はつねに断片的**なものだ
2. 選択後の結果は将来のことだ。それらの結果と価値を結び付けるとき、想像によって経験的な感覚の不足を補わなければならない。しかし、**価値は不完全にしか予測できない**
3. 合理性は、代替的行動のすべての中から選択することだが、実際の行動では、これらのうち**ほんの2、3の行動しか心に浮かばない**

もっともな分析で、重大な選択を迫られた人間が、あとから考えれば合理的ではない、奇妙な方向へ行ってしまう行動原理もここにある。

ここまで整理したうえで、サイモンは「人間の限定合理性を克服するための組織の意思決定過程（あるべき姿）」を次のように考察する（サイモン原著の訳文。「←」以降は筆者の解釈）。

【限定合理性を克服するための組織の意思決定過程】

1. **仕事をメンバー間に分割する組織とする。**各メンバーに達成すべき特定の仕事を与える。メンバーの注意をその仕事に向けさせ、それのみに限定する組織とする（←分業を徹底して責任範囲を限定する）

2. **標準的な手続きを確立する組織とする。**ある仕事は特定の方法でなされなければならないと決めることによって、その仕事を実際に遂行する個人が、その仕事をどうやって処理すべきか毎回決める必要がなくなる（←仕事の方法を標準化し、迷わないようにする）

3. **権限と影響のシステムを確立する**ことによって、組織の階層を通じて、決定を下に横に、あるいは上にも伝達する。非公式的な影響のシステムの発達も、あらゆる実際の組織において重要である（←自分の属する組織の上部、あるいは並列的な横の組織への伝達方法を決める。また、休憩時などのコミュニケーションも重視）

4. **組織には、すべての方向に向かって流れるコミュニケーション経路がある。**この経路に沿って、意思決定のための情報が流れる。公式的なものと非公式的なものの両方がある。非公式的な経路は、非公式的な社会的組織と密接に関係している（←意思決定の情報は上下だけでなく、公式・非公式に横へも伝わるような場をつくっておく）

5.メンバーを訓練し教化する組織とする。それによって、組織がメンバーに決定してもらいたいと欲しているように、メンバー自身で意思決定できるようになる（←意思決定と伝達の方法を組織のメンバーが共有できるように訓練する）

コラム　東芝不正会計事件から学ぶ組織づくり

企業の不正会計事件が数多く発生している。だいたい利益を水増ししたり、不良債権（回収できない債権）を隠したりすることが多い。

サイモンの組織論は、こうした事態を起こさないための**企業統治**を考える際にも重要な指摘だ。企業統治とは、英語で**コーポレート・ガバナンス**という。

コーポレート・ガバナンスの目的は、**企業の不正を監視すること、企業の価値を上げること**、この2つだ。

コーポレート・ガバナンスを実施するための監視機構の設置は不可欠だが、なにより人間の**限定合理性を前提にした組織づくり**が重要だ。市場原理に任せて放っておいてはいけない。

この重要性を教えてくれる最近の事件として、2015年に発覚した東芝の不正会計事件[注6]がある。

東芝は日本を代表する総合電機メーカーだが、このエクセレント・カンパニーで、最終的に2248億円にのぼる不正会計（水増し利益）が発見された。2016年3月期の決算で7191億円の連結営業赤字に陥り、上場廃止の危機が続く。

東芝事件の原因はかんたんで、「社長月例」という会合で各カンパニー責任者が社長から「収益改善」を強く求められ、短期間で利益を出すために会計を粉飾していたというものだ。あまりにも原始的であきれる。

社長にはだれも何も言えなかったのだそうだ。創業オーナーが支配する中小企業のようだが、独裁的な社長が君臨する大企業でもよく見られることである。

東芝ではコミュニケーションの回路が詰まっていて、会社全体で物言えぬ風土だったそうだ。

一方で実は、コーポレート・ガバナンスへの取り組みについて東芝は先進的で、いち早く**指名委員会等設置会社**になっている。

指名委員会等設置会社とは商法で規定されているもので、取締役会の中に指名委員会、監査委員会、報酬委員会を設置し、委員は、社外取締役が過半数を占めることになっている。監査委員会と報酬委員会はその名の通り、監査と取締役の報酬を決定する。指名委員会は、取締役の選任、解任の権限をもつ。

社外取締役が多くいれば、株主に対するアピールになる。アメリカの企業が取り入れた制度だが、日本企業でも外国人投資家が増加しているので、グローバル企業は海外企業との対比上、導入している。

東芝はこのようなガバナンスを導入していたが、まったく機能していなかったことになる。社外取締役に情報が伝わっていなかったからか、そもそも監視能力がなかったのかもしれない。

サイモンの5つの指摘をもう一度読んでみよう。組織が個人の仕事を規定すると同時に、公式、非公式のコミュニケーションの経路で意思決定が四方八方へ伝達され、各個人が自律的に意思決定できるようにする、というものだ。

東芝は2015〜16年の改革で全体の社外取締役を過半数に増やし、「社長月例」を廃止し、各カンパニーが自律的に目標を設定するようにした。今後は会社の風土を変えるために公式、非公式のコミュニケーションの経路をどうつくるかにかかってくる。

　このように、仕組みをつくっただけでは企業統治を実現できない。人間の限定合理性を忘れずに、情報伝達と運営面の訓練が必要だ。

グローバル時代に必要な経済学思考

比較制度分析

日本、韓国、EU、アメリカなど、多くの国や地域の経済システムは**資本主義市場経済**である。

では、資本主義とはなんだろう。辞典を引き、ネットで検索するといろいろな説明が出てくるが、ここでかんたんに定義しておこう。

資本主義と社会主義の違い

資本主義とは、生産要素と生産手段（生産するための機械や原材料）をだれでも私有でき、生産物を自由に市場で売買して利益を得ることができる体制のことをいう。つまり、**資本主義＝市場経済＝財産の私有の自由**ということだ。

反対に、生産手段の私有を認めず、すべて国有で生産活動を行なう体制を**社会主義**という。中国は社会主義市場経済を標榜している。市場経済を導入しているものの、国有企業が非常に多い。財産の私有はすべてではないが認められている。かなり矛盾した経済体制だ。

20代や30代の読者からすれば、日本の企業の大半が国有ではなく民間企業であるのは自明のことだろう。

しかし1980年代後半までは、日本にも巨大な国有企業がいくつもあった。日本国有鉄道（現JRグループ）、日本電信電話公社（現NTTグループ）、日本専売公社（現JT）などだ。1980年代に国有企業の民営化が行なわれたのである。

銀行も、政府が資本を所有する大銀行が3つもあった（日本興業銀行、日本長期信用銀行、日本債券信用銀行）。いずれも1990年代に破綻、解体、統合され、現在はすべて民間資本である。

政府が運営していた郵便貯金や簡易保険も民営化されている。ゆうちょ銀行の株が上場されたのは2015年のことだ。

経済システムの違いを解明する「比較制度分析」

では、21世紀の日本とアメリカの資本主義市場経済は同じものかというと、そんなことはない。たとえば、アメリカでは労働市場が大きく、離職、転職などの労働移動が盛んに行なわれている。企業が労働者を解雇することも頻繁に行なわれる。

日本では、転職が増加したとはいえ、大学生の人気企業は相変わらず大手銀行、大手商社といった基本的に終身雇用の大企業に集まっている。

このように、同じ資本主義市場経済の国でも、国によってさまざまな違いがある。

このような経済システムの違いはどうして生まれるのか。「経済システムの違いは制度の違いで生まれた」と考え、分析するのが比較的新しい経済学のジャンルである**比較制度分析**だ。

この「制度」とはなんだろう。比較制度分析の研究を主導した青木昌彦（1938～2015）元スタンフォード大学名誉教授と奥野正寛（1947～）東京大学名誉教授によると、制度とは仕組みの集まりのことだという。法律で決められた制度だけではなく、社会の基礎に横たわっている慣習など、社会をつくり上げている仕組みのことだ。[注7]

貿易や企業の海外進出など、グローバル化によって国境を越える経済活動が増えるほど、比較制度分析の思考法が重要になってくる。

たとえば、進出先の国へ日本の賃金制度や休暇制度を持ち込んでもうまくいくわけがない。それぞれ、国によって制度の成立に違いがあるからだ。

消費者に接する態度も国によって違うだろう。制度や慣習の違いをよく研究してビジネスに臨まないと、必ず失敗することになる。

比較制度分析の4つのポイントと制度の補完性

比較制度分析では、**制度の補完性**に注目する。補完性とはなんだろう。

まず、「補完」と「代替」について整理しておこう。

財をざっくり「補完財」と「代替財」の2つに分ける。**補完財とは、いっしょになると効果的で強化される財、代替財とは、どちらかが選択されると他方は不要になる関係の財**だ。

たとえば、代替財にはパンとおにぎりがある。スーパーの閉店間際に100円のおにぎりが50円に下がったら、代替的なパンは売れなくなるだろう。おにぎりが300円に上がったらパンの売上が急増する。この2財は代替的な関係＝代替財だからだ。

食パンとバターは補完財だ。どちらかの需要が増えれば他方も増える関係にある。逆にバターの価格が3倍に上がったら、食パンの売上は減るだろう。この2財は強い補完関係にある。

この補完性について理解したうえで、比較制度分析のポイントを4つにまとめてみる。これは、奥野正寛・東大名誉教授から直接教えてもらったメモをもとに整理したものだ。

【比較制度分析4つのポイント】

1.資本主義経済システムの多様性を認める

システム内部の制度の組み合わせによって多様な資本主義が存在する

2.制度のもつ戦略的補完性をとらえる

社会のなかで、ある行動パターンが普遍的になれば、その行動パターンを選ぶことが戦略的に有利になり、制度として定着する

3.経済システム内部の制度的補完性をとらえる

システム内部のさまざまな制度が互いに補完的で、システム全体を強くする

4.経済システムの進化と経路依存性をとらえる

システムには慣性があり、外部・内部環境の変化とともに徐々に進化する。経路依存性とは、その国の歴史的な経路に沿う性質のこと

資本主義の多様性とは

4つのポイントについて詳しく見ていく。まずは、「資本主義経済システムの多様性を認める」について説明しよう。

日本、中国、アメリカだけを比較しても、資本主義に大きな違いがある。アメリカは基本的に共和党の新自由主義と民主党のリベラルが対立し、政権交代によって経済政策が変わる。しかし、社会の根底には市場経済に任せることを重視する思想がある。

中国経済では、この四半世紀で自由な市場原理に任せる部分が大きくなり、富裕層が増えている。これは、観光客の爆買いが象徴している。しかし、最終的な権力は共産党が握っているため、党の権力によって企業

の自由な行動が一瞬にして制限されることがある。

日本では自由な経済活動が行なわれているが、労働市場は流動性が少なく、変化したとはいえ終身雇用が基本に横たわる。これは世界的には珍しい仕組みだ。

このように、同じ資本主義といっても、国によって大きな仕組みの違いがある。このような多様性をまず認識することが必要だ。

制度が根づくために必要な「戦略的補完性」

日本の資本主義を特徴づける制度（＝仕組み）のひとつに、**メインバンク制度**がある。

メインバンク制度とは、特定の銀行と企業の親密な取引関係のことだ。企業はメインバンクから運転資金や投資資金の融資を受ける。メインバンクは企業の経営行動を常に監視（モニター）し、その企業の業績が悪化すると融資を増やし、銀行から人材を送り込む。その企業が破綻すればメインバンクは経営者を送り込み、借金返済を免除（債権放棄）し、代わりに銀行管理下に置く。非常に長期的な関係だ。

このようなメインバンク制度は1940年代の戦時体制で強化され、1980年代まで長期間、うまく機能していた。

これは、企業にとって長期的な投資、安定した資金繰りという面で有利だったからだ。銀行からみても、長期間にわたって安定した金利の収入が計算できる。

つまりこれは、メインバンクと企業の間で**戦略的補完性**が強固だったということだ。

戦略的補完性とは、ゲーム理論で登場した戦略的相互依存と同じ意味である。

身近な例でいうと、大阪と東京でのエスカレーターの乗り方の違いが挙げられる。ステップを踏んで歩かない場合、大阪では右側に列をつくり、東京では左側に並んで乗る。

東京のビジネスマンが大阪へ行くと、右側に並ぶ戦略を選んだほうが明らかに安全だ。反対に、大阪のビジネスマンが東京へ行くと、左側に並ぶ戦略を選ぶ。これを「戦略的補完性が存在する」という。

銀行と取引企業の関係も、お互いにメインバンク制度を選択することにインセンティブが働く場合、戦略的補完性が存在する関係となる。

終身雇用、年功賃金の体制が揺らいできている理由

終身雇用制度と**年功賃金制度**も1940年代の戦時体制で確立し、1960年代の高度成長を経て強化された仕組みだ。新卒で就職すると、定年までその会社に勤務する終身雇用制度が、毎年昇給していく年功賃金制度とともに日本資本主義を特徴づけてきた。

これらは、社員から見れば長期的に安定し、ライフプランを立てやすい安全な仕組みだ。企業から見ても、社員を一から育て、長期的に安定した人事管理が可能になる。社員と企業の間で、終身雇用制度と年功賃金制度を選択する際、戦略的補完性が存在したことになる。

しかし、1990年代後半から、これらの制度は徐々に崩壊しつつある。なぜだろうか。

メインバンク制度、終身雇用制度、年功賃金制度は、それぞれが補い合い、支え合い、強固な日本型資本主義を形づくってきた。これらの制度間には**制度的補完性**もあったといえる。

制度的補完性とは、それぞれの制度が互いに強く支え合う性質のことだ。

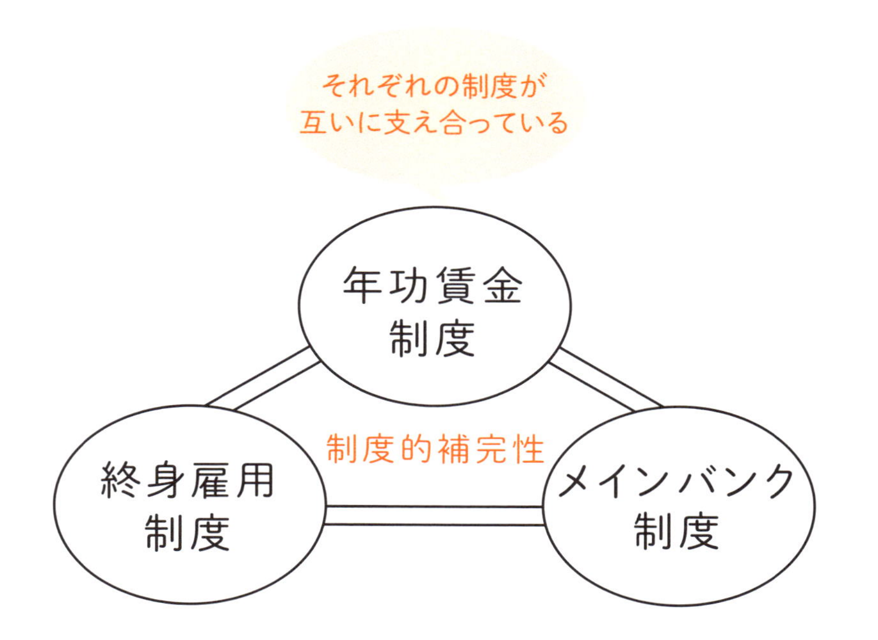

これらは、1960年代の高度成長を促進した制度といえる。

しかし、1980年代後半の世界的な金融自由化（国境を越える資金移動の自由化、金利の自由化、日本の金融市場の開放など）の進展で、銀行は政府による保護から競争市場に放り込まれるようになる。

そして90年代後半の金融危機で、日本の銀行全体の経営が揺らいだ。地価下落によって回収できなくなった膨大な不良債権のため、破綻する銀行が続出する。銀行は貸出を大幅に減らし、自己資本の拡大に向かった。

つまり、経営危機に陥った取引先企業をメインバンクとして救済する資本の余裕がなくなり、切り捨てていったのである。

こうしてメインバンク制度は徐々に崩れていった。企業側も、貸出を減少させた銀行に頼ることができず、株や債券の発行によって市場で自ら資本を調達することが増えていった。

その代わり、銀行による企業経営の監視（モニター）がなくなり、企業の放漫経営も増えることになる。アメリカ型のコーポレート・ガバナンスを導入する大企業が増え、メインバンクではなく株主による監視が重視されるようになった。

こうしてメインバンク制度は崩れてきている。したがって、制度的補完関係のあった終身雇用制度や年功賃金制度もうまく機能しなくなっているのだ。

経済システムの進化と経路依存性

このような変化は1990年代後半に始まり、2010年代で20年経過している。

しかし、だからといって完全に変化したわけでもない。まだ多くの大企業では、終身雇用制度も年功賃金制度も存在している。**強固だった制度**

の補完性が崩れ、変化するまでには長い時間がかかるからだ。

過渡期が続き、「不安定な状態が続いている」と青木昌彦・スタンフォード大学名誉教授は著書に書いている。青木教授によれば、制度が次の新しい均衡状態へ完全に移るまで、一世代30年はかかるだろうという。[注8] ポイント4「システムには慣性があり、外部・内部環境の変化とともに徐々に進化する」ということである。

メインバンクによる経営監視から株主による監視へ切り替えた東芝の不正会計事件を見ればわかるように、コーポレート・ガバナンスが機能しなかったのは、制度の変革に時間がかかるためであり、形だけで実態が伴わない中途半端なガバナンスだったからだ。

また、日本企業はコストを下げるために正社員の終身雇用制度を維持しつつ、非正規雇用を増やしている。これが21世紀の所得格差の拡大の原因にもなっている。

したがって日本の大学生の就職志望人気は、あと10年は終身雇用の大企業正社員に集まるだろう。

イノベーションを連発するベンチャー企業に就職人気が集まることは当分ないかもしれない。

このような構造は歴史的な「しがらみ」である。どこの国にもある。

中国は国有企業の民営化に相当の時間がかかるだろうし、韓国は同族や同郷の強固なコネクションによる政府や企業の支配体制からなかなか抜けられない。

アメリカ、イギリス、フランス、ドイツ、イタリアといった主要国の資本主義にもさまざまな「しがらみ」がある。

各国の「しがらみ」も、歴史的な経路依存性があるため、容易に変わるものではない。

このような各国固有の「しがらみ」をおさえておくこと、つまり比較制度分析の考え方は、ビジネスマンに重要な視点を提供してくれる。

貿易相手国や投資先の経済の仕組みを知らなければ、商売はうまくできないのだ。

これだけ!

- 経済システムの違いを比較する経済学が**比較制度分析**
- 比較制度分析では、第1に**制度の補完性**に注目する
- 比較制度分析のポイントは、**①資本主義経済システムの多様性、②制度の持つ戦略的補完性、③経済システム内部の制度的補完性、④経済システム進化の経路依存性**

6 ビジネスで最重要！「消費」の読み方と考え方

ライフサイクル仮説と恒常所得仮説

消費のトレンド（傾向）、消費者の変化を知ることは、ビジネスの基本である。最終的に消費者に買ってもらわなければ、あらゆる商売は成り立たないからだ。

ここでは、個々の市場の仕組み、つまり需要と供給の法則ではなく、もっと大きな消費の動き方を知る方法を紹介する。

所得、消費、貯蓄の関係性

まず、**所得**、**消費**、**貯蓄**の関係を整理することから始めよう。

所得（正確には可処分所得＝税金支払後の所得）に占める消費の割合を**平均消費性向**という。式で表すと、以下のようになる。

$$\text{平均消費性向} = \frac{\text{C（消費）}}{\text{Y（所得）}}$$

つまり、可処分所得のうち、どれくらいの割合を消費に使っているかを表している。消費額が所得額を上回ることはありえないので、平均消費性向は1より小さくなる。

一方、消費の正反対の行動に貯蓄がある。所得は消費と貯蓄に分けられるから、以下の関係が成り立つ。

$$Y（所得）= C（消費）+ S（貯蓄）$$

そして、所得に占める貯蓄の割合を平均貯蓄性向（あるいは貯蓄率）という。式で表すと、以下の通りだ。

$$平均貯蓄性向 = \frac{S（貯蓄）}{Y（所得）}$$

したがって、平均消費性向と平均貯蓄性向の和は1になる。

$$\frac{C}{Y} + \frac{S}{Y} = 1$$

つまり、消費と貯蓄は裏腹の関係で、どちらかが増えればどちらかが減る関係にある。したがって両方のトレンドを見ると、日本人のお金に対する意識の変化がわかる。どのような商品・サービスでも、最終消費者の動向が影響するので、これらの関係をよく把握しておくことがビジネスパーソンとして重要だ。

日本人の消費と貯蓄の傾向

日本の貯蓄率は世界でも異常なほど高いといわれている。日本人はせっせと貯蓄し、あまり消費しないというわけだ。たしかにそういう側面はあるが、通説と実態はかなり違う。

国全体の平均消費性向は0.8以上で上昇傾向にある。反対に貯蓄率は低下を続けている。今は0.2だ（両者の和が1になる）。2013年には貯蓄率が0を下回ってマイナスに落ち、世を騒然とさせた。貯蓄を取り崩して消費していたことになる。その後はプラス圏に復帰した。

これは、東日本大震災や不況の影響もある。所得が減少すれば貯蓄額も減る。もちろん消費額も減るが、必要な消費はあまり変わらないので、消費の比率が増え、貯蓄の比率が下がることになる。

しかし、平均消費性向の上昇、貯蓄率の減少は不況による影響だけではない。日本では、少子高齢化の影響も大きい。60歳の定年を迎えると、退社して年金の先行受け取りのみを所得とするか、定年後再就業するかになる。これで所得は大幅減少となる（退職金は別として）。

高齢化が進むと、貯蓄を取り崩して消費する人が増える。高齢者が増えれば増えるほど、日本全体の平均消費性向は上昇し、貯蓄率は減少するのだ。

一方、勤労者世帯の平均消費性向に関する数字を見ると貯蓄率は0.35程度、平均消費性向は0.65である。ここ数年、大きな変化はない。国際的にみて日本の勤労者世帯の貯蓄率は高く、平均消費性向は低いほうだ（総務省統計局による）。

つまり、勤労者世帯の平均消費性向と貯蓄率は変わっていないが、高齢者が急激に増えているため、日本人全体の平均消費性向が上昇し、貯蓄率が下がっていることになる。

すると、**平均消費性向が上昇しているからといって、なんでも売れていくわけではない**こともわかる。

高齢化と人口減少の影響は大きい。日本の65歳以上の高齢者は2014

年で26.0％を占めている。4人に1人以上だ。高齢者人口は2042年にピークとなり、その後も高齢者比率は上昇し、2060年には2.5人に1人が高齢者となる（内閣府による）。うんと先の未来の話ではない。高齢者人口がピークを迎える2042年は、20代の読者が40代のころだからだ。

高齢者といっても、健康ならばさまざまな活動をしているわけで、商品開発やマーケティングのターゲットとして巨大な存在なのだ。

消費は将来の所得に影響される

では、消費支出は人生のなかでどのように変化するのか。現在の所得に影響されるのか、将来の所得に影響されるのだろうか。

こうした消費と所得の関係を、個人の人生を通して考え、モデル化した考え方を**ライフサイクル仮説**という。

実際に、人生のモデルを考えてみよう。

20代は消費しながらも結婚を考え、いくらか貯蓄に回している。

30代で結婚、年々所得は増え、消費も増える。住宅を購入し、貯蓄をマイナスにして借金する。

40〜50代は、子供が成長していくと学資に備えて貯蓄するが、所得も増えている。やがて子供は独立する。

60代で退職すると所得は激減し、貯蓄を消費に回すために貯蓄率はマイナスとなる。

人は、このような将来の人生（ライフサイクル）を予測しながら現在の消費にお金をつかう。つまり、現在の所得だけで消費が決まるわけではないのだ。

所得が増えた場合、将来の支出に備えた貯蓄も増やすため、逆に消費性向が低下することさえある。生涯の消費は生涯の所得を超えられないので、結局、平均消費性向はある水準で保たれることになる。

ただし、これは国によってまったく違う。平均消費性向は国民性を反映する。

これだけ!

- 所得に占める消費の割合が**平均消費性向**、所得に占める貯蓄の割合が**平均貯蓄性向**
- 平均消費性向と平均貯蓄性向の和は1となり、どちらかが増えればどちらかが減る関係にある
- 消費と所得の関係を、個人の人生を通して予測し、モデル化した考え方が**ライフサイクル仮説**

コラム　フリードマンの恒常所得仮説

アメリカのノーベル賞経済学者ミルトン・フリードマン（1912～2006）は、所得を**恒常所得**と**変動所得**に分けて考えた。

恒常所得は、将来まで得られ続けると予測可能な所得のことで、変動所得とは、一時的な所得の増加のことだ（理論的にはマイナスの増加、つまり減少もある）。

こうして分けて考えると、消費は現在の所得ではなく、恒常所得によって決定されることに気づく。

一時的に変動所得が増えても、長期的な恒常所得は変わらないので消費の水準も変わらない。分母の変動所得が増えると平均消費性向は小さくなるが、これは短期的な変化であり、長期的には変わらない。これをフリードマンの**恒常所得仮説**という。

経済学では、ライフサイクル仮説と恒常所得仮説が主流の考え方だ。消費は現在の所得で動くのではなく、将来の所得、そして人生の描き方に影響されて動いているのである。**恒常所得が将来も増えていくと予測できる経済環境がないと、消費は増えない**のだ。

では、恒常所得がどれくらい増えていくか。これは人々が予測する経済成長率（期待成長率）に関係してくる。これについては第3章でくわしく述べる。

消費の動向はあらゆるビジネスに関係する。恒常所得の予測、そして人口減少、高齢化の推移がとても重要なデータなのだ。

ミルトン・フリードマン

（1912〜2006）

政府の裁量による財政・金融政策に反対し、通貨供給量のコントロールを唯一の政策とするマネタリズムを提唱。主著『選択の自由』（1980）

7

経済は「名目」と「実質」に分けて考えよう

名目と実質

経済学を学ぶうえで、**名目**と**実質**という用語とその意味はおさえておきたい。

経済成長率、賃金上昇率、利子率（金利）など、さまざまな数値には名目と実質がある。かんたんに言うと、名目とは現れた数値そのまま、見かけ上の数値のことだ。実質とは、名目から物価上昇分を差し引いた数値のことである。

これからいろいろな「名目」「実質」が出てくるので、下の式をしっかりと頭に入れておこう。

●「実質」は「名目」から「物価上昇分」を差し引いた数値

＼見かけ上の数値／

実質 ＝ 名目 － 物価上昇分

実質金利を計る「フィッシャー方程式」

銀行の金利を例にして考えてみよう。実質金利をr、名目金利をi、物価上昇率をπとすると、以下の式になる。

r（実質金利）＝i（名目金利）－π（物価上昇率）

これを**フィッシャー方程式**という。アメリカの経済学者アーヴィング・フィッシャー（1867～1947）が1930年に考えだした方程式だ。

たとえば、銀行で1000円預金したとする。そして1年後の金利が10％だとすると、この10％が名目金利（i）である。1年後の利子は1000円の10％だから100円で、計1100円に増える。1年後に購入できる商品が100円分増えることになる。

しかし、1年後に物価が6％上昇したとする。この6％が物価上昇率（π）だ。1000円の商品は1060円に上がっていることになる。1年後に増えた預金1100円をこの1060円で割ると、1.038だ。

この3.8％が実質金利（r）になる。つまり、**利息が持つ実質的な購買力**という意味だ。

以上の計算はやや複雑だが、実質金利3.8％は名目金利10％から物価上昇率6％を引いた4％の近似値だと考えられる。

したがって、「r＝i－π（フィッシャー方程式）」が成り立つ。つまり、引き算でだいたいの数字を出すということだ。

この預金金利のケースでいうと、物価上昇率（π）が上昇すると、実質金利（r）は下がり、利息の購買力が落ちることを意味する。つまり、名目金利が変わらない場合、物価が上がれば実質的な利息は減るのだ。

日銀がゼロ金利・マイナス金利政策を実施する理由

実質金利の考え方を知ると、日本銀行の政策の意味がわかるだろう。

インフレの場合は、物価上昇率が上がり、実質金利が下がるので、銀行からお金を借りやすくなる。

一方のデフレ（不況下の物価下落）の場合、物価上昇率がマイナスだから、

r（実質金利）＝i（名目金利）－［－π（物価上昇率）］

となり、マイナス×マイナスでプラスだから、実質金利rは上昇する。つまり、借金には不利だ。したがってお金が市中に出回らなくなり、経済活動は停滞する。

●インフレ・デフレにおける実質金利と借金のしやすさ

	インフレ	デフレ
物価上昇率	上がる↑	下がる↓
実質金利	下がる↓	上がる↑
借金	しやすい	しづらい

日本銀行がゼロ金利、マイナス金利政策を実施するのは、実質金利を下げて出回るお金を増やすためなのだ。

マイナス金利にすると、

r（実質金利）＝−i（名目金利）−［−π（物価上昇率）］

となり、実質金利は必ず下がることになる。

なぜアベノミクスは賃金上昇率3％を目指すのか

賃金も同じように考える。**名目賃金**は、給料の額面そのものだ。**実質賃金**とは、名目賃金から物価上昇分を引いた価値である。賃金の上昇率で考えて式をつくると、

実質賃金上昇率＝名目賃金上昇率−物価上昇率

という関係になる。翌年度の名目賃金が2％上がるとして、もし物価上昇率が2％だったら、実質賃金上昇率はゼロだ。物価が上がれば上がるほど、実質賃金は減少する。反対に、物価が下がれば実質賃金は上がることになる。

日本銀行は2013年4月にアベノミクスの「第1の矢」として大規模な金融緩和（金利を下げ、貨幣量を増やすこと）を行ない、「物価上昇率2％」を目標に掲げた。

この場合、物価上昇率2％ということは、賃金がそれ以上、たとえば3％上がると、実質賃金上昇率は1％ということになる。

安倍首相が経団連会長を呼び出して、「賃金を3％上げて欲しい」と毎年要求しているのはそのためである。政府・日銀が物価上昇率2％を目標にしている以上、名目賃金が最低3％は上がらなければ、実質賃金が

増えず、したがって人々の購買力も増えないので消費全体が増えないからだ。

政府は中小企業に対し、賃金を上げれば、上昇分の20％を法人税から控除する方針だ。これは、賃上げへのインセンティブである。ただし、日本の中小企業の7割前後は、そもそも法人税を払っていない赤字企業だ。あまり効果はないだろう。

では、大企業は賃金を3％上げられるだろうか。

なかなかやっかいなのは、たとえば賃金を一律3％上げると、中高年の賃金上昇分が大きくなり、若年層の賃金上昇分は小さくなる。

また、近年は若年層への配慮から賃金上昇分を定額にしている企業も多い。たとえば、社員の月給を定額で6000円上げるとする。月給20万円の若者にとっては3％の上昇だが、50万円の中高年では1.2％の上昇率だ。物価上昇率2％を想定すると、実質賃金上昇率は「1.2％－3％＝－1.8％」となり、中高年の賃金上昇率はマイナスになることもありえる。

また、日本企業は年功序列の賃金体系から成果主義に移りつつある。成果を上げた社員の賃金はぐんと上がるが、成果を上げられなかった社員の賃金は下がる。

全体で賃金を3％引き上げても、実績をあげた上位1割の社員の給料が20％上がり、6割の社員は変わらず、3割の社員は下がるかもしれない。一律3％の賃金引上げといっても、そのまま全体の賃金が上がるわけではないのだ。3％の賃金引上げは、かんたんにはいかないことがわかる。

- 経済成長率、金利、賃金上昇率などの数値には名目と実質がある。名目とは現れた数値そのまま、見かけ上の数値のこと。実質とは、名目から物価上昇分を差し引いた数値のこと
- 「実質=名目−物価上昇分」、あるいは「名目=実質+物価上昇分」という式が成り立つ
- 実質金利をr、名目金利をi、物価上昇率をπとすると、「r(実質金利)=i(名目金利)−π(物価上昇率)」となる。これをフィッシャー方程式という
- 名目賃金から物価上昇分を引いた価値を実質賃金という。「実質賃金上昇率=名目賃金上昇率−物価上昇率」となり、物価が上がれば上がるほど、実質賃金は減少する。反対に、物価が下がれば実質賃金は上がることになる

コラム デフレで実質賃金が上がっているのに、なぜ消費は増えないのか

2016年秋の時点で、物価は実は下がり続けている。10月まで8か月連続で前年同月を下回っている。これはその時期の円高と原油価格下落の影響が大きい。

デフレ(不況下の物価下落)は恐ろしい現象で、日本経済低迷の原因でもある。

一方で、2015年、16年は企業の業績が好調、失業率も低い。物価だけが下落している。長期に及ぶデフレで日本経済全体にはまだ暗雲が漂うが、現状の物価下落によって実質賃金は上昇し、購買力は増えている。

ではなぜ、消費がそれほど増えないのか。物価が下落していると、人々は

消費を後回しにしようとするからだ。価格が下がり続けているならば、あとで買ったほうが有利に決まっている。

物価が上昇してインフレになる場合、あとで買うと値段が上がって損をするから、先に買うのである。人々が先にどんどん買えば、需要が増えて全体に価格も生産量・購買量も増えていく。日銀がインフレ率2%を目標にしている理由のひとつがここにある。

2016年冬以降は、円安ドル高、原油高と、それまでとは反対の動きになっている。もし物価下落から物価上昇へ反転すると、うまく回れば人々の消費は先行し、需要が増えることになる。

しかし、物価上昇率以上に名目賃金が上昇せず、実質賃金が上がらなければ消費は停滞してしまう。企業の賃上げも課題となる。

もうひとつ、消費は将来の所得に影響されるので、将来の年金受取額減少への不安、増税や社会保険料の引上げへの不安が強いと、やはり現在の消費は増えないことになる。これらの対応も必要だ。

8 社会人なら知っておきたい「資産価格」の考え方

資産価格の理論

私たちが普段消費する物やサービスは、使用後はやがて消滅してしまう財である。電子機器やクルマだって、買えばすぐに価値は減り、何年かすれば廃棄物になる。**いずれ消える財・サービスの価格を「物価」という。**

一方、**「資産価格」は、購入後に消えてなくならない財産の価格である。**資産は、お金を生む可能性のある財産で、それ自体に価値があり、その価値は増えたり減ったりするものの、国や企業が破綻しないかぎり消えてなくなることはない。

資産の定義はややあいまいだが、貨幣、株、不動産は代表的な資産である。絵画などの美術品、いろいろな証券、債券、特許権なども資産だ。

企業会計上は、1年以内に現金化できる資産を**流動資産**、長期にわたって所有する資産を**固定資産**という。

個人では、貨幣はもちろん、株と不動産が代表的な資産である。不動産は借金して購入するので負債でもあるが、ここでは所有する不動産を賃貸へ出せば価値を生むため資産として考える。

株価、地価、マンション価格は市場で変化する。もちろん需要と供給の法則が働いているが、消えてなくなる消費財の物価とは異なり、複雑な動き方をする。

物価は好況（景気がいいこと）、不況（景気が悪いこと）をそのまま反映することがある。しかし、株価や不動産価格は景気を判断するためのGDP

（国内総生産）には含まれないので、GDPを観察していても資産価格の動きはわからない。

株や不動産などの資産を購入するときは、理論的な資産価格とどのように上下へずれているかを考え、意思決定することになる。

この理論的な資産価格を考えることこそ、経済学思考そのものなのである。

資産価格決定の理論

資産価格が理論的にはどのように決まるか、順に考えてみよう。[注9]

私たちが株、債券、不動産などの資産を購入するとき、それらの資産がお金を増やす可能性があることを知っている（資産が増えることを「収益が得られる」という）。

以下、理論的な話である。買おうとする資産に危険性（リスク）がまったくない場合、収益率の高い資産を選ぶことになる。いくつかの資産を比較しながら、手持ちの収益率の低い資産を売り、高い資産を買う。これがふつうの行動だろう。

こうして次々に売買を進めていくと、やがて資産の収益率は一定の水準で均衡することになる。**この水準は長期金利と一致する。**

$$\frac{\text{収益}}{\text{資産価格}} = \text{収益率} = \text{長期金利}$$

という式になる。収益を資産価格で割った数字（収益率）が長期金利に等しくなるわけだ。言い換えると、長期金利に等しくなるまで資産の取引が繰り返されることになる。長期金利とは期間1年以上の金利のことだ。「新発10年物国債利回り」が代表的な指標で、ネットではリアルタイムでその動きが見れる（以下、長期金利を金利と略す）。

資産価格からみて式を展開すると、

$$資産価格 = \frac{収益}{金利}$$

となる。つまり、**理論的な資産価格は、収益を金利で割った数字になる。**これはすべての資産が売買を無限に重ねて得られる概念だが、資産価格、収益、金利の関係はこの通りで、常に頭に置いて考えることが経済学思考の出発点だ。

この単純な式だけでも、分母の金利が低ければ低いほど資産価格は上がることがわかるだろう。

原理的には、資産価格は金利が下がれば上がる、金利が上がれば下がる。日銀がゼロ金利を続けることによって、株価や地価が上がったのはこのためだ。

資産価格とリスクの関係

次に、現実の資産市場を考えてみる。株、債券、不動産などの資産には、個別にさまざまなリスクがある。すると、そのリスクに応じて金利にリスク分をプラスしなければならない。

リスクを考えなければ、正しい資産価格はわからないからだ。たとえば、クルマを運転していてあなたが事故を起こし、クルマを破損して自動車保険からお金を受け取ると、翌年の契約から支払う保険料が上がることになる。保険会社からみると、あなたのリスクが上がったからだ。

これと同じで、それぞれの資産のリスク分を金利にプラスして資産価格が成立していることになる。式にすると、以下のようになる。

$$\text{資産価格} = \frac{\text{収益}}{\text{金利} + \text{リスクプレミアム}}$$

リスクプレミアムとは、どれだけ上乗せすれば、買い手がそのリスクを許容できるか、という意味を表す。

たとえば、リスクのまったくない銀行預金の金利が5%で、リスクのある株式投資の収益率が同じ5%であれば、だれでも銀行預金を選ぶだろう。では、いったい何%上乗せすれば、リスクのある資産に投資できるか。これがリスクプレミアムである。

具体的な数字は、市場で多くの参加者が売買するなかで決まってくる。つまり、需要と供給の法則が働く。住宅購入の需要が高まれば、不動産のリスクプレミアムは下がるだろうし、景気がよくなれば、日本株全体のリスクプレミアムは下がる。リスクが低ければ低いほど資産価格は上がることになる。

具体的に、株で考えてみよう。株価であれば、以下の式になる。

$$\text{理論株価} = \frac{\text{1株当たり利益}}{\text{金利} + \text{リスクプレミアム}}$$

「1株当たり利益」は、企業の利益を総発行株式数で割れば出る。リスクプレミアムは銘柄（企業）ごとにバラバラだ。証券会社などの金融機関やメディアから発信される情報を集めたり、その企業が発表する決算情報などを見て、自分で考える必要がある。

式をよく見てみれば、金利が低くても、リスクプレミアムが大きくなれば分母が増え、理論価格は下がることになる。

株を買う投資家が、その企業の売上・利益の予測、新製品・新技術の情報を重視するのはそのためで、リスクプレミアムの上下に直結するからだ。

では、不動産ではどうなるか。

$$理論地価 = \frac{単位当たり利益}{金利+リスクプレミアム}$$

ということになる。不動産の「単位当たり利益」とは、単位当たりの家賃収入だ。仮に賃貸に出した場合、この不動産はどれくらいの収益を生むか、という意味である。

不動産のリスクプレミアムは、公共交通機関の新設、教育環境、商業施設の集積、人口の増減など、いろいろな要素が入ってくる。

ものすごく単純化したが、本当は期間ごとに金利のベキ乗（指数）で割っていく等比数列の公式を使う。定期預金の複利計算（毎期の利息が元金へ順次加わる）と同じだ。しかし、期間を無限にすれば金利で割るだけで問題ないので、この単純な式を理解しておこう。この理論的な資産価格を**割引現在価値**という。

資産価格と期待成長率

金利＋リスクプレミアムだけでは、実際は名目でしかわからないことになる。実質の数字にするには、物価上昇率を引かなければならない。これは名目賃金と実質賃金で述べたことと同じだ。

資産価格の場合、物価上昇率を**期待インフレ率**に置き換えて考える。期待インフレ率は、将来、価格がどれくらい膨らむか、という予測だが、個別の資産でいうと、どれくらい成長しているか、ということと同じ意味と考えられるので**期待成長率**ともいう。

つまり、**「期待インフレ率=期待成長率」**だ。これを理論的な資産価格の式に入れて整理するとこうなる。

$$理論株価 = \frac{1株当たり利益}{（金利+リスクプレミアム）-期待成長率}$$

$$理論地価 = \frac{単位当たり家賃}{（金利+リスクプレミアム）-期待成長率}$$

期待成長率が小さくなると、分母が大きくなって資産価格は下がる。期待成長率が大きくなると、逆に資産価格は上がることになる。

期待成長率は多くの予測の集合によって決まる。予測の材料は日々のニュースだ。政府や日銀から発表される各種の統計、業界の動向、企業の決算情報、金利、為替、資源価格の動向、各国首脳の発言など、実にさまざまな材料が秒単位で飛び交っている。それらを材料にして市場参加者が予測し、期待値が定まっていく。ただし、刻々と変化する。

株価でいえば、次の項目で説明する規制緩和、財政支出などの政策にも大きく左右される。政府が「金融市場の規制緩和をするらしい」「インフラ整備へ巨額の財政支出をするのではないか」という予測だけで、現在の株価は動く。当然のことながら関連する業界や企業の株価は上がることになる。

大局観、歴史観も重要だ。これから世界がどのように動くのか、大局的につかむ勉強をしよう。経済情勢を観察し、仕事に役立てるときの足がかりになる。

これだけ!

- **資産価格**とは、購入後に消えてなくならない財産の価格
- 理論的な資産価格は、**収益を金利で割った数字**になる
- どれだけ価格を上乗せすれば、買い手が資産に対するリスクを許容できるかを**リスクプレミアム**という
- 将来の物価上昇率を**期待インフレ率**、もしくは**期待成長率**という

9

「規制緩和」に目をこらして新市場をつくれ

規制緩和

多くのビジネスチャンス、つまり新しい市場を生むきっかけとなるのが政府による**規制緩和**だ。企業の立場に立つあなたは、自身の業界を中心に、規制緩和の政策に目をこらす必要がある。

規制緩和は、英語ではディレギュレーション（deregulation）という。つまり規制撤廃だ。緩和という言葉には、規制をなんとか残したいという官僚の気持ちが反映されている。

規制緩和は、1970年代末のイギリス、1980年代初めのアメリカで国力を上げるための経済政策として登場した。サッチャー英保守党政権、レーガン米共和党政権による**新自由主義政策**である。

規制緩和が生み出すビジネスチャンス

規制緩和・自由化・民営化は新しい価値を生む。

たとえば日本では、1980年代に中曽根自民党政権が国営企業の民営化を進め、1980年代末にJR、NTT、JTが誕生し、株も公開された。

駅の構内や駅ビルは、飲食店や各種小売店で賑わい、駅ビルもあちこちで改装・新築されて巨大なショッピングモールとなっている。JRが国鉄（日本国有鉄道）だった1980年代以前には想像すらできなかった光景だ。民間企業として自社の土地・資本・労働力を活用し、新しい商業施設を生み出したのである。

NTT誕生による通信の自由化も、携帯電話やスマホの普及につれ、新しいサービスを次々に生んでいる。

何より大きいのはアメリカの圧力で促された金融市場の自由化である。

アメリカの金融自由化の過程では、1980年代に預金金利と貸出金利の自由化、金融機関の業務範囲拡大が行なわれた。一方、日本は大蔵省（現財務省）が金利から人事から何から何まで金融市場を支配、管理していた。日銀も大蔵省の支配下にあった。

当時、自動車や電気製品で日本企業に敗北したアメリカの産業界は、政府を通して日本市場の閉鎖性を問題にし、次々に要求をつきつけてきた。その重要な分野が金融だった。日米円・ドル委員会が1983年に設置され、日米間の協議が始まる。幕末の日米修好通商条約交渉のようなものだ。ここから日本の金融自由化が始まる。

1984年に日米円・ドル委員会の報告書が完成し、大蔵省は為替、金利の自由化を進めることになった。

1986年にはイギリスが証券市場の自由化を行なう。かんたんに言うと、ロンドンではどんな金融商品をだれが売買しようが自由である。究極の規制緩和だ。これを**ビッグバン**という。

最終的に日本の金融自由化はイギリスの10年後、1996年11月、橋本自民党政権が日本版金融ビッグバンを提唱することで実現する。2001年を期限としてさまざまな金融に関する規制緩和が行なわれた。

1996年には真っ先に銀行窓口の投資信託販売、生命保険と損害保険の相互乗り入れが認められた。1998年に証券会社への参入自由化によってネット証券会社が続々と登場し、銀行の外貨預金が認められ、保険料の自由化も実現した。そして1999年に株式売買委託手数料が自由化され、手数料は大幅に下がることになった。これを機に個人投資家が増加した。

規制緩和はたしかに多くのビジネスチャンスを生んだのである。

毎年のように実行される規制緩和策に注目を

「規制緩和＝自由市場の拡大」には条件がある。これは市場経済の原則でもある。日本版金融ビッグバンで橋本政権は3つの原則を挙げている。

1. **フリー**……市場原理（需要と供給の法則）が機能する自由競争市場
2. **フェア**……公正で透明な市場、自己責任原則が機能するための情報提供とルール化
3. **グローバル**……監視体制の国際化、会計基準の国際標準化

完全競争市場の条件と同じことだ。政府が規制していた計画経済から資本主義市場経済への移行に伴うルール変更のようなものである。それまでの日本の金融業は社会主義体制に近かった。

規制によって守られていた既存金融機関の利権（既得権益）が減り、新規参入者が増え、需要側（消費者）は選択肢が増加して市場経済が豊かに成長することになる。

こうして1980年代から次々に規制緩和が実行され、国営企業の民営化や金融自由化のほかにも、いろいろな分野で新自由主義政策が導入されていく。1986年には労働者派遣法が施行され、今日の非正規雇用増大の原因ともなった。雇用の自由化といえる。

ほかにも、2002年に貸切り・乗り合いバス事業が自由化され、2009年には一般医薬品がコンビニの店頭で販売できるようになった。

現在も、規制緩和は毎年のように実行されている。政府の審議の状況、規制緩和項目などは政府のホームページで公開されているので、常に見ておいたほうがいい。あなたの会社に直接関係することもあるし、新しいビジネスチャンスを発見することもあるだろう。

ただし、市場経済化による原則自由な経済で社会が安定するかというと、そんなことはない。金融自由化が世界で進むことによって、わけのわからない危険な金融商品が世界中にばらまかれ、それが支払い不能になって経済危機を招くこともある。2008年のリーマン・ショックが代表的な事例だ。

自由な経済は不安定になるが豊かさを得られる。規制だらけの経済では価格は下がらず、人々はコストの高い生活を強いられる。しかし、急に経済が崩壊する不安定さは避けられるかもしれない。

世界が、そして日本経済がどういう方向へ動いているのか、よく観察するべきだ。

これだけ！

- **規制緩和**には、大きなビジネスチャンスが潜んでいる
- リーマン・ショックのように、**自由化が経済危機を招くこともある**

10

「イノベーション」の本当の意味

イノベーション

ビジネスの世界では「イノベーションを起こせ」とよく言われる。イノベーションは技術革新と捉えられることが多いが、それだけではない。まずここを間違えて覚えると理解が狭くなる。技術だけではなく、幅広い革新（新機軸）のことだ。

シュンペーターと5つのイノベーション

イノベーションの主役は企業家である。政府の役割は企業家が活動しやすい環境を整備し、法によってサポートすることにある。

アベノミクスの第3の矢は「成長戦略」で、重要なのはイノベーションを遂行する企業家の出現だと理解されている。

20世紀の代表的な経済学者J・A・シュンペーター（1883〜1950）は、1912年の著書『経済発展の理論』で「企業家のイノベーションが資本主義を駆動する」と見抜いた。この考え方は100年後の現在、ほとんどの国や国際機関、そして経営者が共有している。注10

J.A.シュンペーター
（1883〜1950）
チェコ出身のドイツ人。オーストリア共和国財務相、ボン大学を経てハーバード大学教授。イノベーションの発見者。多くの経済学者を育てた

シュンペーターはその後、1942年に発表した著書『資本主義・社会主義・民主主義』で、企業家はやがて管理者となり、企業家精神は消滅して官僚化し、結局、資本主義は滅びると書いている。つまり資本主義から社会主義に移ってしまうというのだ。[注11]

イギリスのサッチャー首相は1970年代に破綻の危機にあえいでいた国営企業を次々に民営化し、金融ビッグバンを行ない、イギリス経済を復活させた。これを**反シュンペーター革命**という。サッチャーはシュンペーターの「資本主義→社会主義」という流れの予測を、「社会主義→資本主義」へと逆転させて規制緩和と民営化を進めたのである。

シュンペーターは、経済成長を起動するのは企業家（アントレプレナー）による新結合（ニューコンビネーション）だとした。この新結合がイノベーションである。そしてイノベーションを5つに分類した。[注12]

- **新しい生産物または生産物の新しい品質の創出と実現**
- **新しい生産方法の導入**
- **産業の新しい組織の創出**
- **新しい販売市場の創出**
- **新しい買い付け先の開拓**

イノベーションは技術革新だけを意味しているのではなく、組織の創出まで含む広い範囲の新機軸を表している。

アップルが世界に与えた衝撃

OECD（経済協力開発機構）は、各国がイノベーションの現状を測定し、将来像を描くために参考となるガイドラインを設けて公表している。OECD

のイノベーションに関するガイドラインをオスロ・マニュアルという。[注13]

【OECDのイノベーション4分類】
・プロダクト・イノベーション（製品・サービスのイノベーション）
・プロセス・イノベーション（生産・流通のイノベーション）
・組織のイノベーション
・マーケティング・イノベーション

OECDのオスロ・マニュアルでは、シュンペーターの5つのイノベーションを要約し、4つにまとめている。シュンペーターの5分類から「新しい買い付け先の開拓」を削除したものだ。21世紀のグローバル経済では、マーケティング・イノベーションに包摂（ほうせつ）されると考えたのだろう。

21世紀に入って一番驚いたイノベーションは、2001年のアップルのiPod（iTunes）だ。プロダクト・イノベーション（製品・サービスのイノベーション）としては新しくない。すでに似たような製品はたくさんあった。

しかし、プロセス・イノベーション（生産・流通のイノベーション）はすごい。音楽の流通をレコード（CD）のような物理的なメディアからネット上のデリバリーに変え、記録した音源情報をメモリに入れて持ち歩くという革新的なアイデアで、これは腰が抜けるほどの新機軸だった。

最近では、人工知能（AI）の開発競争が世界で激化しているが、AIを何と結びつけるかで新しい市場の可能性は広がる。自動運転車、介護ロボットなどはすでに開発が進んでいる。

イノベーションとは「新しさ」だけではない

しかし、最先端の分野だけがイノベーションを生むわけではない。

アメリカのダートマス大学教授ビジャイ・ゴビンダラジャン（1949～）は、先進国のイノベーションが新しい市場をつくって生活を豊かにし、やがて途上国へ新商品が流れていく、という常識を逆転（リバース）させたイノベーションを発見した。これを**リバース・イノベーション**という。

ゴビンダラジャンが著書で紹介しているリバース・イノベーションの実例はいろいろある。たとえば、アメリカの大手スーパーのウォルマートは、中央アフリカや南米で最初に投入した小型ストアのスタイルをアメリカへ逆輸入している。

また、GEヘルスケア（アメリカの医療機器会社）は、インドで開発して販売した携帯心電計を先進国へ広げた。このインド発の心電計は電池式の簡易なもので、なにより安い。

途上国で得たマーケティングの知識と製品開発のノウハウを先進国へ持っていく、という逆転のイノベーションは、途上国と富裕国の間にある5つの需要のギャップから生まれる、とゴビンダラジャランは書いている。

その需要のギャップとは、性能、インフラ、持続可能性、規制、そして好みだそうだ。以下、ゴビンダラジャンの著書から要約してみる。[注14]

【富裕国と途上国の5つの需要ギャップ】

1.性能のギャップ

途上国の人々は、富裕国の人々が親しんでいる高いレベルの性能を買うことはできないが、彼らがイノベーションを必要としていないわけではない

2.インフラのギャップ

インドでは医療分野のインフラが未整備である。GEヘルスケアはインドで安価な携帯心電計の技術を大きく進歩させ、富裕国にも広げた

3.持続可能性のギャップ

中国は大気汚染問題に悩まされているからこそ、電気自動車の開発に力を入れる。すでに先進的な電気自動車メーカーが生まれている

4.規制のギャップ

規制の少ない途上国のほうが、より早くイノベーションが進む可能性がある。先進国では許認可に長期間かかる

5.好みのギャップ

途上国のよく食べられている食材は、富裕国では食べられていない。たとえばペプシコは、インドでレンズ豆を原料としたスナック菓子を開発した。富裕国では新機軸の食材である

途上国と富裕国とのギャップが途上国でイノベーションを生み、富裕国へも拡大できるということである。

このようにイノベーションにも、さまざまなスタイルがある。技術革新だけではなく、さまざまな視点で物事を観察すれば、新しいビジネスを創出できる。

これだけ!

- **イノベーションとは、技術革新のことだけではない。多様な視点でビジネスを考えよう**
- **イノベーションを考えるときに参考になるのは、シュンペーターの5つのイノベーション、OECDのオスロ・マニュアル、ゴビンダラジャンの5つの需要ギャップ**

コラム　イノベーターの条件とは

スマートフォンがなく、SNSもない生活は考えられない。iPodやスマホがなければ音楽も聴けない。このようにライフスタイルを一変させてしまうようなイノベーションを起こすのは、必ずしもその業界のトップ企業ではない。

高機能の製品を開発する企業が、専門的な技術では劣る企業の新製品によって駆逐されてしまうことがある。これを**破壊的イノベーション**と名付けたのは、ハーバード・ビジネス・スクール教授のクレイトン・クリステンセン（1952〜）だ。

iPod（iTunes）には技術的な先進性はなく、プロセス・イノベーションだったことは前に述べたが、何よりビジネスモデルの破壊的イノベーションだった。

サウンドの再現性を極限まで追求し、世界市場を制していた日本のオーディオ・メーカーは、iPod（iTunes）の出現によって文字通り破壊的な影響を受けたのである。

クリステンセンは、既存の大企業がイノベーションを起こせなかったのは、顧客の声に耳を傾けすぎたからだという[注15]。つまり、大企業は既存の顧客が価値を認めない新技術に投資できず、新技術が出現したときには既存市場は消えてしまっていたのである。

既存顧客のいない異端者やベンチャーから破壊的な新製品が出てくる理由のひとつがここにある。しかし、だれにでもできるわけではない。

クリステンセンは**イノベーター（革新を起こす企業家）**の能力を5つあげている。彼はこれを**5つの発見力（ディスカバリー・スキル）**と呼ぶ。実際に調査した結果に基づく分類だという。

【イノベーターに必要な5つの発見力】

1.関連づける力(associating)
2.質問力(questioning)
3.観察力(observing)
4.実験力(experimenting)
5.人脈力(networking)

これらの能力は天賦の才ではなく、学ぶことで獲得できると書いている。だれでも挑戦できるのだ。

第3章

世の中を知る
モノサシとなる
10の経済知識

1

経済ニュース理解のための基本ワード

経済用語の基礎知識

第3章は、毎日流れてくる膨大な国内外の経済ニュースを理解できるように項目を立てた。はじめに、次の第2項から次々に登場する経済用語について解説する。

■歳入

政府(国と地方を含む)の収入すべてを歳入という。歳入の多くは税金だ。税制(税の各種制度)は毎年変わる。個人(家計)から見ると、所得税、住民税、固定資産税、消費税、自動車税などの制度変更は生活に直結する。たとえばマンションを購入する世代にとって、住宅ローンを組めば所得税控除の対象となり税は軽減されるので、税制変更に敏感になる。

■歳出

政府の支出すべてを歳出という。公的サービスを行なうために支出する。国民へお金を分配することだともいえる。道路などのインフラ(社会基盤)は政府や地方自治体が整備するが、これを**公共投資**という。民間企業が建設を請け負うので、公共投資の時期や金額は企業経営に影響を与える。

■社会保険

公的な保険全般のこと。一定の要件に該当する者は強制加入だ。**医療保険**、**年金保険**、**介護保険**、**雇用保険**、**労災保険**があり、税と同様に徴収される。個人（家計）から見ると、政府へ保険料を支払い、公的サービスを受けるという仕組みだ。一部を勤務先の企業が負担している。医療保険は、公務員と民間企業社員は個別の組合が管掌（かんしょう）し、その他は国民健康保険として政府が管掌している。

■財政政策

景気を調整するために、国の歳入と歳出をコントロールする政策のこと。財政政策は**政府の役割**だ。

■金融政策

金融政策は日本の中央銀行である**日本銀行（日銀）の役割**だ。**景気調整と物価安定を目的とした経済政策**である。日銀には紙幣を発行し、通貨の価値を守る責任がある。そして円滑な金融サービスを維持することも重要な役割だ。具体的には、金利と貨幣量をコントロールし、銀行間の決済を仲介し、金融システム全体を健全に保つことを使命とする。

■GDP（国内総生産）

国内で一定期間に生み出された付加価値の総額で、最終生産物の価値（価格）で合算する。

GDPが連続して増えていれば好況（景気がいい状態）、連続して減少し

ていれば不況（景気が悪い状態）と判断する。GDPは四半期に一度、1～3月、4～6月、7～9月、10～12月をそれぞれ集計し、集計期間の2か月後に第1次速報値が公表される。2か月も遅れるので、内閣府は毎月、景気動向指数を発表し、景気の現況、景気の将来を予測して公表する。一方、日銀も内閣府とは別に金融経済月報で景気の状況を公表する。そして最終的には、GDPの増減で景気が判断される。

■物価指数

物価を表す指標を物価指数という。これには最終消費段階の消費者物価指数（CPI）と、企業間の中間取引段階の企業物価指数、企業向けサービス価格指数がある。消費者物価指数は総務庁統計局が、企業物価指数、企業向けサービス価格指数は日銀が発表する。なお、一般的に「物価」という場合、消費者物価のことを指す。

■インフレ

物価が継続して上昇すること。貨幣価値は下がる。100円で買えた商品の値段が1円上がれば101円出さないと買えないので、円の価値が下がったことになる。貨幣価値が下がると借金の価値も下がることになるので、借金しやすい状況となる。

■デフレ

物価が継続して下落すること。インフレとは反対に、貨幣価値は上がる。貨幣価値が上がると借金の価値も上がるため、自由に使えるお金が減る。たとえば住宅ローンの返済が重荷となる。

■為替

海外旅行の際、円をドルなどの外貨に交換する。その交換比率が**為替レート**だ。為替レートは市場メカニズムによって刻々と変化している。会社に入り、原材料の調達や輸出入に従事すると、為替レートの変化に敏感になる。円安、円高、それぞれのメリットとデメリットは以下の通り。

●円高と円安のメリット・デメリット

	円高	円安
メリット	・円の価値が上がるので、輸入価格（輸入品の価格）が下がる ・原油など輸入原材料のコストが下がる ・輸入企業の収益が増える ・アウトバウンド（日本人の海外旅行）に有利	・円の価値が下がるので、輸出価格が下がる ・輸出量が増える ・輸出企業の収益が増える ・インバウンド（訪日外国人の旅行）に有利
デメリット	・輸出価格（輸出品の価格）が上がり、売りにくくなる ・輸出量が減少する ・輸出企業の収益が減る	・輸入価格が上がる ・輸入原材料費のコストが上がる ・輸入企業の収益が減る

■株

株式会社は株を発行し、資金を得る。株を株式市場へ上場すると市場で取り引きされるので、多くの投資家からお金を集めることができる。これが資本となり、事業を行なって利潤を得る。株主には利潤から配当金を分配する。これが資本主義の根幹のひとつだ。株主は、企業の価値を分割して所有していることになる。株は市場で売買されれば、市場メカニズムによって価格が上下する。**日経平均株価**は、東京証券取引所（東証）第一部に上場された企業から225社を選び、その株価を平均して算出される。また、**東証株価指数（TOPIX）**は東証第一部に上場している全銘柄の浮動株（市場で流通している株）を対象とし、時価総額の合計を、基準日（1968年1月4日）を100として指数化したものである。

■国債

国債は国の借金の証文といえる。**政府は国債（債券）を発行し、現金を獲得して歳出に回す。**日本の予算は歳出超過で赤字が続いているが、国債を発行して赤字を埋めている。

国債には販売時の金利（利回り、利子）が付いており、購入者には半年に1度、利子が支払われ、満期に額面の金額が戻る。満期2年から40年までさまざまな種類の国債がある。

一方、国債は満期以前でも市場で売買され、価格も金利も変化する。

市場で国債に人気がなく、**買い手が少ないと価格は下がり、金利は上がる。**金利が上がると人気が出て、買い手が増えることになる。反対に**買い手が増えていくと価格は上がり、金利は下がる。**

国が発行しているので信用度は高い。したがってリスクも小さい。景気が上向いて投資家が株などのリスクの高い資産へお金を回すと、国債の人気は下がり、金利が上がる方向になる。反対に景気が悪化すると、投資家はリスクの大きい株などの資産市場からお金を引き上げて国債を買う。すると国債の価格は上がり、金利は下がっていく。

●国債の価格と金利の関係

国債の価格	国債の金利
上がる↑	下がる↓
下がる↓	上がる↑

これだけ!

- 景気を調整するために、国の歳入(収入)と歳出(支出)をコントロールする政策を財政政策という
- 景気調整と物価安定を目的として、日本銀行が行なう経済政策を金融政策という
- 国内で一定期間に生み出された付加価値の合計がGDP(国内総生産)。景気はGDPの増減で判断される
- 物価は、一般的には消費者物価を指す。物価が継続して上昇することをインフレ、下落することをデフレという
- 通貨間の交換比率が為替レート
- 日経平均株価は、東証第一部への上場企業225社の平均価格。東証株価指数(TOPIX)は、東証一部上場全銘柄の浮動株を対象として、1968年1月4日を基準日として算出した指数
- 国債とは、国の借金の証文。政府は国債を発行し、現金を獲得して歳入の赤字を埋め、歳出に回す

2

経済ニュースの基本「GDP」を覚えよう

GDPと経済成長率

GDP（国内総生産）は、国内で一定期間に生み出された付加価値の合計で、次の足し算で計算される。

Y＝C＋I＋G＋（X－M）

Y……国民所得（GDPと同じもの）
C……民間消費（消費）
I……民間投資（投資）
G……政府支出（政府の消費と投資）
X……輸出
M……輸入

輸入はお金が外国へ出て行くのでマイナスとなる。つまり、**（X－M）は貿易黒字のこと**である。

上の式は、ざっくり以下の日本語で表現できる。

GDP＝消費＋投資＋政府支出＋（輸出－輸入）

この式（恒等式）を手帳やノートに書いておこう。丸暗記すると便利だ。

合計額のYがGDPで、とりあえず日本のGDPは年間500兆円として書き進める。2016年後半から企業の研究開発費が「経費」から「投資」に計上されることに変更されたため、今後はざっと530兆円にかさ上げされるが、ここでは議論をかんたんにするために500兆円としておく（四半期ではこの4分の1の125兆円となる）。

GDPと経済成長率

GDPは四半期に一度、内閣府から発表される。このGDPが、前の期（四半期）に比べて何％増減したかが**経済成長率**になる。

たとえば、前期125兆円、今期126.25兆円と、前期より1.25兆円増えていれば、1％成長したことになる。これが四半期に増加した分なので、1年間に換算するとだいたい4倍して、**年率**4％成長と発表される（年率については後述）。

●【図2-1】GDPの増減率が経済成長率

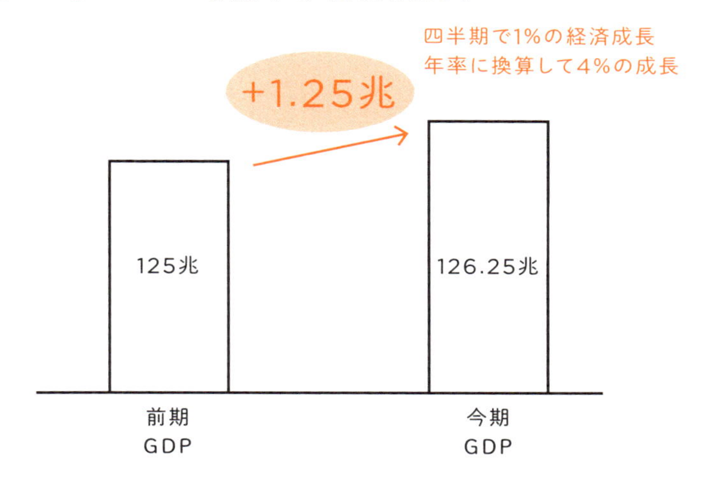

その時点の金額をそのまま使って割り出した数字を**名目成長率**という。

一方、この間の物価上昇分を引いて割り出した数字を**実質成長率**という。両方の数値が発表されるが、通常、**経済成長率は「実質成長率」を重視する。**

先の例でいうと、年率4%が名目成長率だとすると、この間の物価上昇率が1%であれば、実質成長率は4から1を引いて3%ということになる。

GDPが連続して増えていれば経済成長し、景気は上昇している。減少していれば景気は後退していることになる。

●【図2-2】名目成長率と実質成長率

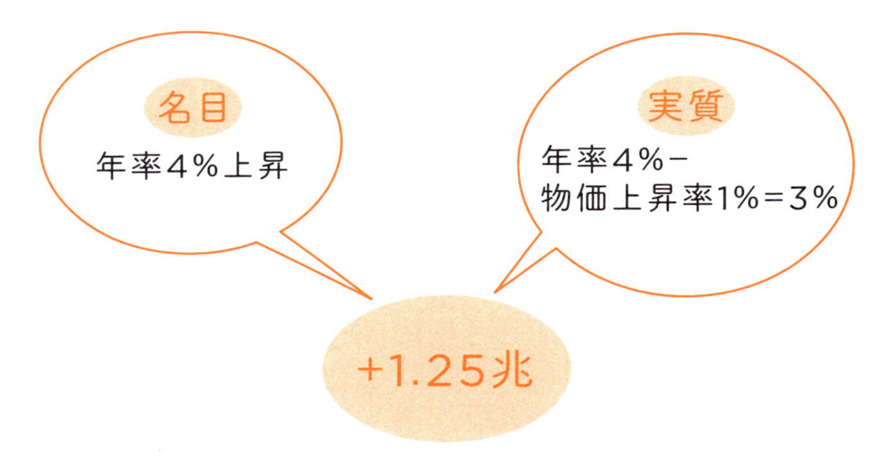

なぜ景気の動向に「消費」が重要なのか

Y＝C＋I＋G＋（X－M）のそれぞれの項目はどれくらいの割合なのかというと、**民間消費（C）が全体の60%、民間投資（I）は15%、政府支出（G）が24%（政府投資4%、政府消費20%）、純輸出（X－M）が1%**くらいだ。もちろん期によって増減するので、あくまでもざっとした計数である。なお、純輸出とは輸出入の差額のこと。また、政府投資は公共投資である。

これらは1年間で生まれた新たな価値であり、変動する価値である。したがってこれを**フロー**という。

ビジネスや経済のフロー（変動する価値の動向）は、最後はすべてGDPの数字にまとめられる。ただし時々、GDPのどの項目に何を入れるか、分類の変更はある。

一方で、長期的に蓄積された価値、たとえば保有している資産（預金、借金、不動産など）は**ストック**という。ストックを売買すれば、その増減分はフローとなる。

GDPの6割以上は民間消費、つまり私たちが消費している金額だ。消費が増えなければ景気がよくならないのはそのためである。貿易量が増えて黒字が増加したとしても、GDP全体から見ればたいした影響はない。

なお、家計から住宅購入に充てられるお金は、消費ではなく投資に分類される。個別の家計から見ると非常に高額であり、長期間使用されるためだ。また、不動産の価値はストックだが、家賃はフローなので付加価値になる。

このようにGDPを知れば、ニュースで報じられるそれぞれの数値の意味と重要性がわかるだろう。経済ニュースを読むときは、必ずY＝C＋I＋G＋（X－M）を頭に置こう。

景気動向指数のDI

GDPは四半期に一度、かなり遅れて集計・公表される。1～3月期は5月に、4～6月期は8月、7～9月期は11月、10～12月期のGDPは2月というように、翌々月に1次速報、さらにその1か月後に2次速報値が発表される。

目前の景気の状況を早く知りたい場合は、内閣府が毎月発表する**景気動向指数**を見ればいい。

景気動向指数には2つあるが、代表的な**DI（ディフュージョン・インデックス）**を説明しておく。DIの発表は早い。なぜなら、景気が拡大したことを示す統計が全体の何本あるか、その比率を見るだけだからだ。つまり、5割を超える統計が景気拡大を示しているならばプラスということになる。

DIは全部で30本の統計から成る。それらを**先行系列**11本、**一致系列**10本、**遅行系列**9本に分け、それぞれ別々に計算される。

先行系列の11本には、景気の先行指標とされる新規求人数、新設住宅着工床面積、東証株価指数などがある。

一致系列とは、景気の動向に一致する統計で、鉱工業生産指数、商業販売額、有効求人倍率、耐久消費財出荷指数などが含まれる。

遅行系列は景気の実際の動きに遅れて現れる統計で、完全失業率、第3次産業活動指数などだ。

自社のビジネスにかかわる「統計」に注目しよう

これらとは別に、産業別にさまざまな統計があり、それらを継続してチェックすることによって、あなたは自分の働く業界の状況を知ることができる。すべてネット上に公開されるので、だれでも見ることができる。

たとえば百貨店、スーパー、コンビニなど、小売業の個別の統計が発表される。これらの売上統計はC（民間消費）の変化に直結する。

新車登録台数や鉄道の輸送量の統計もCだ。設備投資、機械受注額などはI（民間投資）に、財務省から発表される貿易統計はもちろんX－M（純輸出）に反映する。

こうしてあなたの会社のビジネスに適合する統計をピックアップして式に合わせて分類しておき、発表されたらチェックすると、仕事に大いに役立つだろう。

これだけ！

- **GDPの計算式は、Y=C+I+G+（X−M）となる。Yは国民所得（GDPと同じ）、Cは民間消費（消費）、Iは民間投資（投資）、Gは政府支出（政府の消費と投資）、Xは輸出、Mは輸入のこと。つまり、GDP=消費+投資+政府支出+（輸出−輸入）である**
- **GDPは四半期に一度、内閣府から発表される。GDPが前の期（四半期）に比べて何％増減したかが経済成長率だ。四半期の成長率を1年に換算して年率を出す。経済成長率には、合算した数字そのままの名目成長率と、物価上昇率を引いた実質成長率がある**
- **GDPは集計から公表までに2か月かかる。これとは別に内閣府は毎月、景気動向指数を発表している**

理論編　GDPの「年率」の計算方法

GDPは四半期に一度発表されるが、**必ず年率換算された数字で議論する**ことになる。これはアメリカから始まった習慣だ。この**年率**について説明しておこう。

たとえばある四半期の実質成長率が0.5％だったとする。前の四半期に比べてGDPが実質で0.5％増えたということだ。このままの成長率が1年間（4四半期）継続した場合、成長率はどれだけ増えるかを計算する。これが年率である。

年率換算の方法は、まず今期のGDPを前期のGDPで割る。

たとえば今期のGDPが125兆6250億円で、前期が125兆円ならば、以下のようになる。

125兆6250億÷125兆＝1.005

百分率にするために1を引くと、0.5%ということだ。この比率を4四半期分へ換算するために、4乗して1を引く。1.005の4乗だから1.0202となる。百分率にすると2.02%だ。

4期間分を4乗するのは等比数列の公式である。電卓がないと計算は面倒だが、ざっくり4倍すれば概数を得られるので、等比数列を覚えなくとも、4倍することを知っておけばいい。

0.5を4倍すると2.0だから、4乗の2.02に近いのだ。

3

GDPの理論を知ることで経済を多面的につかむ

付加価値と三面等価の原則

GDPは1年間に新しく生み出された付加価値の合計だと述べてきた。では付加価値とはなんだろう。ざっくりした式にすると、こうなる。

付加価値＝売上－原材料費（仕入価格）

たとえば、農家が栽培した珈琲豆を食品会社へ売ったとしよう。初めをゼロとすると、農家が食品会社へ豆を1000円で売った段階で、付加価値1000円が生まれたことになる。食品会社は珈琲豆1000円分をインスタント・コーヒーに加工し、3000円で販売する。すると、売上3000円－仕入価格1000円＝2000円で、付加価値2000円が生まれる。

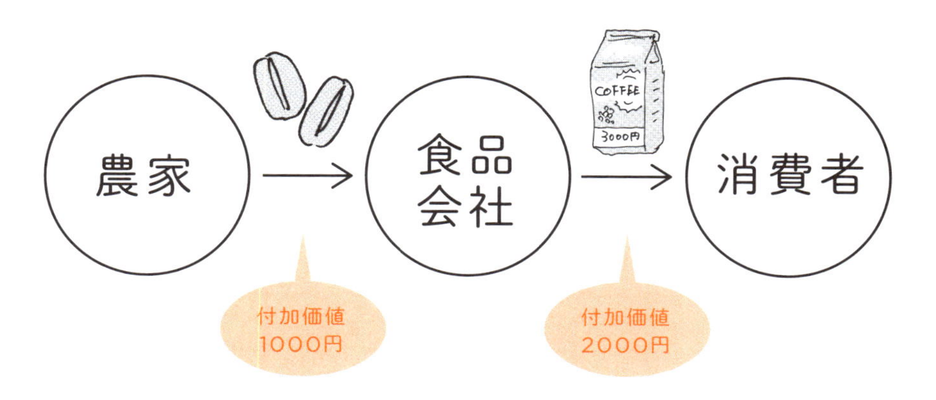

こうして、GDPには1000円と2000円が計上される。これは結局、最終生産物であるインスタント・コーヒーの販売額3000円に等しい。つまり、**最終生産物価格にすべての中間生産物価格が含まれる**と考えられる。

中古品の場合は、すでに新品で取り引きされた期間のGDPに計上されているので、その後の売買は付加価値にはならない。しかし、中古市場の企業が新しいサービスで手数料などを得ている場合、その分は付加価値となる。

付加価値が増えないと賃金も増えない

企業は付加価値から土地や生産設備にかかる、その期間に支払うべき費用を支払い、人件費を支払う。付加価値から支払われる人件費の割合を**労働分配率**という。式にすると、以下の通りだ。

$$\text{労働分配率} = \frac{\text{人件費}}{\text{付加価値}}$$

労働分配率は業種や企業の規模によって違うが、ざっくり70%が目安になる。つまり、**付加価値の多くは賃金になる。**

ということは、GDPが増えなければ、つまり経済成長しなければ賃金も増えないことになる。賃金が増えなければ消費も増えないので生産も増えない。こういう悪循環が続くと、なかなか脱出できなくなる。

なぜ国内総「生産」なのに「消費」が入っているのか

付加価値については理解できたことだろう。しかし、GDPは付加価値の合計で国内総「生産」なのに、なぜ「消費」が入っているのだろうか。

これは、**三面等価の原則**で説明できる。三面等価の原則とは、経済を**生産、所得、支出の３方向から見た場合、いずれから見ても同じ数字になる**、というものだ。つまり、支出（消費）で生産の合計を計算できるのである。

式にするとこうなる。

総生産＝総所得＝総支出

たとえば、あなたが珈琲豆を生産していて、その生産した金額が1000円だとすると（生産物の価格）、あなたの所得（受け取った金額）は1000円、買った食品会社の支出（支払った金額）も1000円で、生産・所得・支出はすべて一致する。つまり三面等価となる。同一の取引に三面の性格があるという意味でもある。

最終生産物の付加価値の合計が国内総生産だが、だれかが買うので国内総生産は国内総支出に等しく、支出は必ずだれかの所得になるので国内総所得に等しいというわけである。

3つの側面をそれぞれ別の要素（項目）に置き換えると、いろいろなことがわかってくる。

まず「生産」なのに「消費」が入るのは、かんたんな数学でわかる。

国内総生産（GDP）をＹとする。もちろん国内総所得も国内総支出もＹだ。

国内総生産＝Ｙ　……①

国内総支出を分解すると、民間支出＋政府支出＋経常収支に分けられる。支出後の買い手は民間・政府・海外しかないからだ。すると、支出面からみると以下の式になる。

国内総支出＝C＋I＋G＋（X－M） ……②

一方、国内総所得は、消費＋貯蓄（S）＋税（T）に分けられる。それぞれを記号にすると、

国内総所得＝C＋S＋T ……③

三面等価の原則により、①＝②＝③だ。①と②を合わせると、④が成り立つ。

Y=C＋I＋G＋（X－M） ……④

ここですでにおなじみ、GDPの恒等式が成立することになる。ここから、国内総生産は消費や投資で計算可能だとわかる。「生産」なのに「消費」が入る理由がここにある。

GDPの式と三面等価の原則でニュースがわかる

また、これらの式から経済の様子を解明することができる。三面等価の原則により、③＝②も成り立つから、以下の式ができる。

C＋S＋T＝C＋I＋G＋（X－M） ……⑤

⑤の右辺のC＋Iを左辺へ、左辺のTを右辺へ移項すると、Cが消えて、こうなる。

S－I＝（G－T）＋（X－M）　……⑥

⑥でわかるのは、S－I＞0（投資より貯蓄のほうが大きい）ときは日本全体で**貯蓄超過**、S－I＜0（貯蓄より投資のほうが大きい）は**投資超過**の状態だということだ。

一方、G－T＞0（税収より政府支出のほうが大きい）ときは**財政赤字**、G－T＜0（税収のほうが大きい）は**財政黒字**を表す。

そして、X－M＞0ならば**貿易黒字**、X－M＜0は**貿易赤字**である。

税（T）と政府支出（G）は政府部門だ。これを外して民間部門だけで考えると、次の式にまとまる。

S－I＝X－M　……⑦

⑦になると、**貿易赤字は貯蓄不足で投資超過の状態、貿易黒字は貯蓄超過、投資不足の状態**だという結果になる。

これは、日本や中国のような黒字国は投資不足の国、アメリカのような赤字国は投資超過で貯蓄不足の国だという意味にもなる。アメリカのトランプ大統領は「貿易赤字は損失」と言っているが、貿易赤字はアメリカ人の貯蓄不足の反映だともいえる。つまり、経済学からみると間違いなのである。

投資と貯蓄の数値をコントロールして貿易黒字や赤字をつくれるわけではないが、事後に集計するとこのような結果になるわけだ。

このように、ニュースで報じられる統計などのデータが、C＋I＋G＋（X－M）のどこに入り、何を意味しているのかをつねに考えておくと、経済ニュースを整理することができる。仕事にも大いに役立つだろう。

これだけ!

- 付加価値は、売上－原材料費（仕入価格）で計算される
- 付加価値は、最終生産物の販売価格と同じ。つまり、中間生産物価格は、最終生産物価格にすべて含まれる
- 付加価値に占める人件費の割合が労働分配率。付加価値から人件費（賃金）が支払われる
- 経済を生産、所得、支出の3方向から見た場合、いずれから見ても同じ数字になる。これを三面等価の原則という

4

日本は裕福なのか 貧乏なのか

GDP国際比較

1970年代から「国の豊かさはGDPの大きさではない」と主張する人が見受けられた。「豊かな自然や美しい町並みこそ豊かさだ」という意見もよくわかる。また、クラウド化でとらえきれない価値もあるだろう。

すでに政府で統計の見直しの作業も始まっているが、いずれにせよ、世界各国の経済力を比較するときに、GDPは重要な指標になる。今のところ、GDP以外に定量的で客観的なデータはない。

新興国がGDP総額ランキング上位に

IMF（国際通貨基金）と世界銀行が「名目GDP国別ランキング」を公表している。[注1]

157ページ・図4-1のランキングはIMFによる2015年のもので、2016年4月に更新されたデータだ。金額の単位は100万米ドル。上位40か国・地域をピックアップした。日本は2015年時点ではかなり円安だったので、ドル換算では数値が低く出ている。為替レートで大きく変わってしまうので、数字より、順位の傾向をつかんでおこう。

このランキングでわかるのは、まず、アメリカが圧倒的な経済大国であることだ。

次に、中国が第2位に急上昇したことはよく知られているが、すでに日本の2倍以上の規模へ成長している事実がある。日本を抜いて2位に上がったのは2010年だから、わずか5年でここまで成長したわけだ。

上位には西欧先進国が並んでいるはずだったが、実はこの10年でかなり変動している。7位インド、9位ブラジル、11位韓国、12位ロシアといった国が上位にある。新興国は資源価格の変動の影響を受けて景気が上下する。2015年は悪化しているが、それでもGDPの規模は拡大している。

日本の1人当たりGDPランキングは何位か

全体の規模ではなく、GDPを人口で割った**1人当たりGDP国別ランキング**を見ると、様相はかなり変わる。**1人当たりGDPは、国民の富裕度を表している。**もちろん異論はあるだろうが、上位の国はまちがいなく金持ちだ（159ページ・図4-2）。

21世紀に入るまでは、だいたい上位にはヨーロッパの小国が並び、日本、アメリカ、カナダが割って入る形だった。1990年代は、日本はだいたい3位か4位で、OECD加盟先進国に限ると1位になったこともある。しかし2001年以降、日本の順位は毎年下落している。

2015年時点のランキング（図4-2）をよくご覧いただきたい。**日本は26位**だ。アジアの国や地域が増えている。とくに3位カタール、5位マカオ、7位シンガポール、18位香港、24位アラブ首長国連邦と、日本より上位のアジア諸国が増加中だ。香港とアラブ首長国連邦に抜かれたのは2014年で、日本はアジアで6位に沈んでいる。

●【図4-1】2015年名目GDP国別ランキング(IMF)

順位	国・地域名	GDP(100万米ドル)
1	アメリカ	17,947,000
2	中国	10,982,829
3	日本	4,123,258
4	ドイツ	3,357,614
5	イギリス	2,849,345
6	フランス	2,421,560
7	インド	2,090,706
8	イタリア	1,815,757
9	ブラジル	1,772,589
10	カナダ	1,552,386
11	韓国	1,376,868
12	ロシア	1,324,734
13	オーストラリア	1,223,887
14	スペイン	1,199,715
15	メキシコ	1,144,334
16	インドネシア	858,953
17	オランダ	738,419
18	トルコ	733,642
19	スイス	664,603
20	サウジアラビア	653,219
21	アルゼンチン	585,623
22	台湾	523,581
23	スウェーデン	492,618
24	ナイジェリア	490,207
25	ポーランド	474,893
26	ベルギー	454,687
27	タイ	395,288
28	ノルウェー	389,482
29	イラン	387,611
30	オーストリア	374,124
31	アラブ首長国連邦	345,483
32	エジプト	330,765
33	南アフリカ	312,957
34	香港	309,931
35	マレーシア	296,219
36	イスラエル	296,073
37	デンマーク	294,951
38	コロンビア	293,243
39	シンガポール	292,734
40	フィリピン	291,965

円安だったので日本の1人当たりGDPは3万2486ドルだったが、多少円高だったとしても、マカオの半分、シンガポールの6割くらいしかない。

なんとなく、日本は中国に総額で抜かされたとはいえ、世界で3番目の経済大国だから、1人当たりGDPだって世界で5指には入る富裕国だろうと思いがちだが、1990年代以降の長期低迷で中位に入っているにすぎない。

日本のGDPはざっと500兆円だとこれまで述べてきたが、**実は1980年代の終わりからほとんど増えていない。**

これから日本の人口はどんどん減少し、GDP総額はそれほど伸びないだろうが、1人当たりGDPはまだ伸びる余地がある。規制緩和、教育改革、農業改革、観光改革、イノベーション振興策など、まだできていないことはたくさんあるので悲観すべきではないが、現状の位置はよく認識しておいたほうがいい。

なお、ロシア、ブラジル、中国、インドなどの新興国は人口が多く、1人当たり名目GDPランキングで上位40か国に入る水準にはない。ロシアとブラジルは60番台、中国は70番台、インドは100位より下である。

実感以上に広がる日本の所得格差

1人当たりGDPランキングが下がっているということは、三面等価の原則から総生産＝総所得なので、国民1人当たりの所得のランキングも下がっていることになる。日本のGDP総額は20年以上もあまり変化していないが、日本より上位の20数か国は大きく増えているので、相対的には、日本は貧しくなっているといえよう。

一方で読者の実感としては、「それほど貧しくなったと感じていない」といったところだろう。読者はおそらく日本の所得中上位層の家庭にいるか

●【図4-2】2015年1人当たり名目GDP国別ランキング(IMF)

順位	国・地域名	1人当たりGDP(米ドル)
1	ルクセンブルク	101,994
2	スイス	80,675
3	カタール	76,576
4	ノルウェー	74,822
5	マカオ	69,309
6	アメリカ	55,805
7	シンガポール	52,888
8	デンマーク	52,114
9	アイルランド	51,351
10	オーストラリア	50,962
11	アイスランド	50,855
12	スウェーデン	49,866
13	サンマリノ	49,847
14	イギリス	43,771
15	オーストリア	43,724
16	オランダ	43,603
17	カナダ	43,332
18	香港	42,390
19	フィンランド	41,974
20	ドイツ	40,997
21	ベルギー	40,107
22	フランス	37,675
23	ニュージーランド	37,045
24	アラブ首長国連邦	36,060
25	イスラエル	35,343
26	日本	32,486
27	イタリア	29,867
28	クウェート	29,363
29	プエルトリコ	29,236
30	ブルネイ	28,237
31	韓国	27,195
32	スペイン	25,865
33	バハマ	23,903
34	バーレーン	23,510
35	マルタ	22,734
36	キプロス	22,587
37	台湾	22,288
38	サウジアラビア	20,813
39	スロベニア	20,732
40	ポルトガル	19,122

らである。実際は、日本の所得格差は開き、貧困層が増えているのだ。

1980年代までは「1億総中流」と言われ、大半の日本人は自分を「中流の階層だ」と認識していた。しかし21世紀の日本人は、格差拡大の中に放り込まれている。

タックス・ヘイブンの存在が公正・公平感を破壊

それにしても1位ルクセンブルクの10万1994ドルは驚異的な数字だ。2位スイスの8万675ドルもすごい。3位カタール、4位ノルウェーは**産油国**であり、資源の恩恵を受けている。

ルクセンブルクとスイス国民の富裕度は桁外れに大きい。これは、観光産業が盛んなためだけではなく、**タックス・ヘイブン（租税回避地）**の金融大国だからだ。

タックス・ヘイブンとは、世界の億万長者や企業に対して、無税、あるいは税率をものすごく低くしている国・地域である。本国の課税から逃れさせ、彼らのマネーを自由に運用させて儲けている。つまり自由放任エリアなのだ。

この上位40か国の中に入っているタックス・ヘイブンは、ルクセンブルクとスイスのほか、7位シンガポール、13位サンマリノ、15位オーストリア、18位香港、21位ベルギー、33位バハマ、34位バーレーン、35位マルタ、36位キプロスといった国や地域である。これは、OECD（経済協力開発機構）が公表しているタックス・ヘイブンのリストを元に、志賀櫻氏が作成した資料に基づく[注2]。

パナマの法律事務所から、タックス・ヘイブンに資産を移して税を逃れた取引を行なったと思われる世界の企業や個人1150万件以上の取引資料がドイツの新聞社に渡り、2016年4月に公表された。これを**パナマ文書**という。法人数で21万件だという。

あまりにも膨大で、全容の解明までには何年もかかるだろうが、こんな不公平がまかり通っていると、情報の非対称性どころの話ではない。公正さのかけらもなく、資本主義市場経済は崩壊してしまうだろう。

これだけ!

- 世界の名目GDPランキング(IMF)によると、日本は総額で**3位**
- 1人当たり名目GDPランキングで日本は**26位**
- 日本でも**所得格差**が広がっている
- 1人当たりGDPで上位の国に、**産油国**と**タックス・ヘイブン(租税回避地)**が上がってきている

5

なぜ21世紀の日本では投資が増えないのか

資本の限界効率と乗数理論

ここでは民間投資（I）をもっと深く考えてみることにする。

会社に入ると、その年度の事業計画や、中期3か年計画の説明を受けることになるだろう。売上高や営業利益の予想が書かれているはずだ。

売上を伸ばすには費用（コスト）もかかる。新たな投資も必要になる。計画にのっとった投資の内容も説明されるだろう。非常に環境が厳しい業界では、投資とコストを効率化して資本の生産性を上げ、利益率を伸ばす計画になっているはずだ。

金利が下がると投資が増える理由

経済が全体として低迷しているとき、中央銀行は金利を下げて民間企業の投資を増やそうとする。金利が下がるとどうして投資が増えるのだろうか。

その仕組みは次のように説明できる。

企業は事業計画を立てるとき、その事業の利益率を予想する。

$$予想利益率 = \frac{予想営業利益}{予想売上高}$$

この予想利益率を**資本の限界効率**という。たとえば、ある事業計画で投資することを想定する。この投資の予想利益率が3％だとする。そのとき、銀行から投資資金を借りる際の金利や定期預金の金利である利子率が4%だとすると、お金を投資に回すよりも預金したほうが1%得なので、投資しないことになる。

反対に、予想利益率が3%で、利子率が2%ならば、投資することを選択するだろう。そして、1単位ずつ、だんだん投資を増やしていくと、やがて利益率が逓減し、利子率と同じ水準になる。その均衡点まで投資は増える。だんだん投資を増やしていくことを想定しているので、この予想利益率を資本の限界効率というわけだ。

これは、シュンペーターと並ぶ20世紀の代表的な経済学者、J.M.ケインズ（1883〜1946）の理論である。

ゼロ金利の日本で投資が増えないのはどうしてか

日銀の場合は期間1年以内の短期金利をゼロどころかマイナス金利にしているので、ケインズの理論から考えれば投資はガンガン増えているはずだ。しかし、GDPの投資項目はガンガン増えてはいない。どうしてだろうか。

J.M.ケインズ
（1883〜1946）
ケンブリッジ大学で数学を専攻、後に経済学へ。大蔵省を経てケンブリッジ大学フェロー。政府の裁量による財政・金融政策が有効とした

理論上は、金利を資本の限界効率以下へ下げれば投資は増えることになる。しかし、日本ではもう長い間、低金利、ゼロ金利、マイナス金利と、投資を促す超低金利政策が続いているのに、投資は増えていない。

これは、人々の欲望（効用）を刺激する商品がなく、需要が増えないことも一因だ。21世紀の大ヒット商品はiPod、スマホ、タブレットといったところだが、いずれも輸入品が多い。日本企業の投資が激増したわけではない。

シュンペーターは**企業家のイノベーションこそ経済を、そして投資を増やす**と言っている。金利だけの問題ではないというわけだ。実はケインズも数学的な理論とは別に、**企業家の非合理的なアニマル・スピリット（野心）が投資の動機になる**とも書いている[注3]。企業家の心理の重要性を指摘しているのだ。

経済学は数学を使い、物理学の法則をかなり転用している。これらの経済法則は覚えておいたほうが得だが、**経済は人間の心理の集合**だ。人々の思惑や心理状態が強く反映するので、法則に反することも出てくる。したがってビジネスマンには柔軟な思考が求められる。ただし、法則を知らなければ例外もわからないので、経済学の思考法が基礎になる。

これだけ!

- **投資は予想利益率を想定して行なわれる**
- **「利子率>投資の予想利益率」の場合、投資は増えない。「利子率<投資の予想利益率」の場合、投資は利子率と同率になるまで行なわれる。これを資本の限界効率という**

理論編　よくわかる乗数理論

政府の投資（G）はインフラ整備などの公共投資で、景気対策として増やすことが多い。政府が公共投資を増やすと、GDPは確実に増える。GDPは足し算だから当然だ。

政府が「民間投資（I）を増やす」とは言えない。民間投資はあとでわかることで、増やすのは企業経営者だからだ。しかし、公共投資は政府の裁量で金額を決め、増やすことができる。

公共投資を増やすと民間投資が増え、さらに消費が増えて、GDP全体に波及効果が生まれると主張し、理論的に解明したのがケインズである。ケインズはこの波及経路を投資の**乗数効果**と呼んだ。

公共投資を増やすと、受注した企業の売上が増えて投資にまわる。また、企業の従業員の賃金が増え、消費も増える。するとさまざまな財・サービスへの需要が増え、それらを供給する企業の投資も増え、さらに消費も増えていく、という経路でGDPが増える。

つまり、**公共投資が増えると結果的に消費が増え、最後にGDPは投資額よりも増える**ことになる。どれくらい消費が増え、GDPが増えるのか、その増加率を決定する計数を**乗数**という。

数学的には、以下のように説明されている。

まず三面等価の原則から、国民総所得（Y）は消費（C）と貯蓄（S）に分けられること（**Y=C+S**）を確認する。なお、ここでは税（T）は除外する。この式によって、消費が計算可能であることを確認する。

乗数は、増えた分の所得（お金）を貯蓄せず、どれくらい消費に回すか、その比率で決まる。つまり、消費増加分を所得増加分で割ると乗数を決める比率が出てくる。この比率を**限界消費性向**という。Δ（デルタ）は増加分のことだ。

$$\frac{\Delta C（消費増加分）}{\Delta Y（所得増加分）} = c（限界消費性向）$$

限界消費性向は小文字「c」で表す。仮に1兆円の公共投資を追加すると、どのように波及して増えていくかは、理論的な資産価格やGDPの年率計算、あるいは預金の複利計算と同じだ。

つまり1兆円を投じると、期間1で【1兆円＋1兆円×c】、複利計算と同じなので、期間2では、【期間1＋1兆円×c^2】……と続き、無限の期間では【1兆円×c^n】を足すことになる。定期預金の複利計算と同様、等比数列の公式になるので、次の式にまとまる。限界消費性向（c）は、実際の統計で算出される（分母の1－cは限界貯蓄性向sと同じ）。

$$\text{初項（1兆円）} \times \frac{1}{1-c}$$

この式から、統計でcが0.6だとすると

$$1 \times \frac{1}{1-0.6} = 2.5$$

となり、乗数効果は2.5倍、つまり2.5兆円GDPが増えることになる。[注3]

これは数学的なシミュレーションだ。実際はこのように大きな効果はない。なぜならば、日本経済は閉鎖されているわけではなく、需要は海外にも出ていくからだ。為替レートも変動する。

貿易を制限し、為替も固定相場制だった1960年代の乗数効果は1.8倍だったそうだが、21世紀の乗数効果は小さい。しかし、小さくても需要が増えることは事実である。

この波及効果の原理を知っておくと便利だ。波及経路を調べることが、ビジネスチャンスにつながるからである。

6

ニュースでよく聞く「経常収支」ってなんだろう

経常収支の内訳と現状

GDPの恒等式で説明したように、GDPを構成する（X − M）は貿易差額に当たる。つまり貿易収支のことだ。これを純輸出ともいう。海外との取引の結果、どれくらいの黒字、あるいは赤字なのかを表す。

経常収支とその内容

貿易収支や経常収支といった国際経済の用語は、経済ニュースで頻繁に登場し、統計もたびたび発表されている。「×月の貿易収支は赤字だったが、経常収支は連続して黒字だった」というような内容だが、用語の意味を正しく知っておかないと、事態の正しい認識ができず、何を言っているのかさっぱりわからなくなる。まず、用語を整理しておこう。

経常収支は、貿易収支、サービス収支、第一次所得収支、第二次所得収支に分けられる。

貿易収支は財の貿易差額、**サービス収支**はサービス取引の収支だ。**第一次所得収支**は、海外への投資で得られる収益のことである。**第二次所得収支**は、海外への援助などで、基本的に赤字だ。それぞれの内容は図6-1をご覧いただきたい。

●【図6-1】経常収支の内訳

経常収支

- ★貿易・サービス収支
  - ●貿易収支…財貨の輸出入収支を示す。国内居住者と外国人（非居住者）との間の財貨の取引を計上
  - ●サービス収支…サービス取引の収支を示す

    【サービス収支の主な項目】
    - ・輸送：国際貨物、旅客運賃の受取・支払
    - ・旅行：訪日外国人旅行者・日本人海外旅行者の宿泊費、飲食費等の受取・支払
    - ・金融：証券売買等にかかわる手数料等の受取・支払
    - ・知的財産権等使用料：特許権、著作権等の使用料の受取・支払

- ★第一次所得収支…対外金融債権・債務から生じる利子・配当金等の収支

  【第一次所得収支の主な項目】
  - ・直接投資収益：親会社と子会社との間の配当金・利子等の受取・支払
  - ・証券投資収益：株式配当金及び債券利子の受取・支払
  - ・その他投資収益：貸付・借入、預金等にかかわる利子の受取・支払

- ★第二次所得収支…居住者と非居住者との間の対価を伴わない資産の提供にかかわる収支。官民の無償資金協力、寄付、贈与の受払等を計上

出典：財務省

日本の経常収支の現状

図6-2で実際の金額を見ると実態がわかる。なんとなく、日本は貿易で富を蓄積してきた国だから、貿易収支が大きいのだろうと思ってしまう。2000年代前半まではたしかにそうだったが、リーマン・ショックの2008年あたりから大きく変化し、日本の貿易収支はゼロか赤字の期間が多くなっている。

2007年以前は、年間10兆円を超える貿易黒字がふつうの状態だったが、2008年から2010年で黒字幅が縮小し、2011年から2015年まで赤字となった。2016年から黒字へ転じたが、これは原油価格の下落によるものだ。サービス収支は長年赤字である（図6-2）。

●【図6-2】経常収支の推移

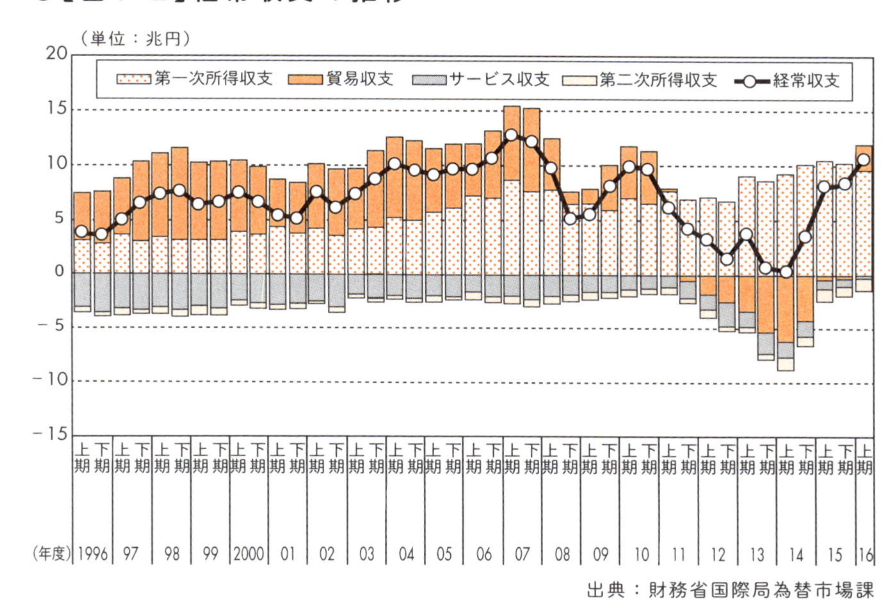

出典：財務省国際局為替市場課

図6-3は2016年度上期（4～9月）の経常収支である。上期なので半分、通年ではこの2倍程度と考えられる。図6-2からもわかる通り、2期連続で経常収支は黒字幅が拡大している。

●【図6-3】2016年度上期の経常収支

●貿易・サービス収支	2兆1139億円	
貿易収支	2兆9955億円	（輸出33兆1984億円、輸入30兆2019億円）
サービス収支	▲8816億円	
●第一次所得収支	9兆2599億円	
●第二次所得収支	▲1兆183億円	
経常収支	10兆3554億円	

中国人の「爆買い」が経常収支に与えた影響

ここ数年の経常収支で特徴的なことは、サービス収支の赤字幅が縮小していることだ。2014年度上半期は1兆7754億円だった。

これは、中国人の「爆買い」に象徴されるインバウンド（訪日外国人）の大幅な増加による、旅行収支の黒字化が大きな要因だ。

図6-4によれば、2015年（暦年）から、日本人が海外旅行で支出しているお金（支払）よりも、訪日外国人が日本で使っているお金（受取）のほうが多くなり、長年の大幅赤字が黒字へ転じている。この黒字の流れは、2016年時点でも続いている。

●【図6-4】旅行収支の推移

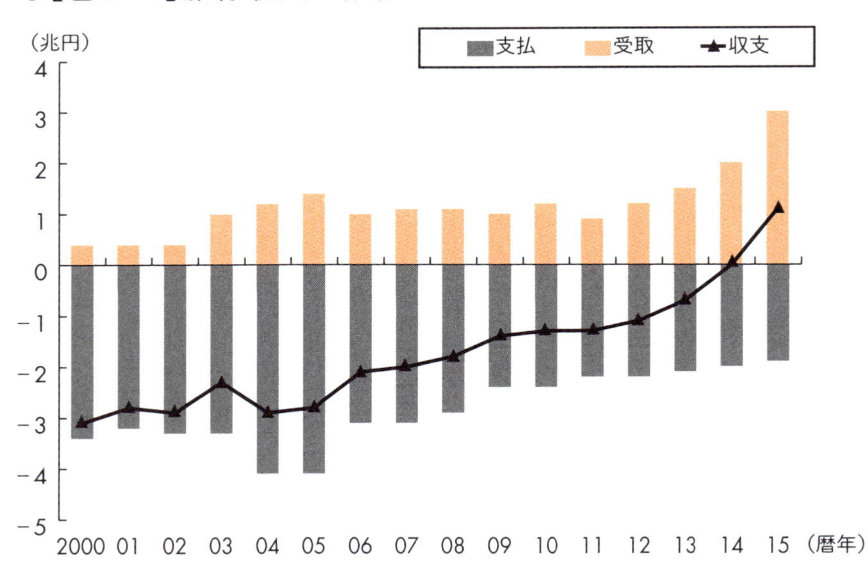

出典：経済産業省

また、サービス収支を構成する**知的財産権等使用料**も大幅な黒字となっている（図6-5）。知的財産権等使用料収支は、2013年から大きく伸び、日本は貿易立国から知的財産立国へステージを変えていることがわかる。

世界で見るとアメリカの4分の1程度だが、それでもヨーロッパ諸国をおさえて第2位だ。

●【図6-5】知的財産権等使用料収支の推移

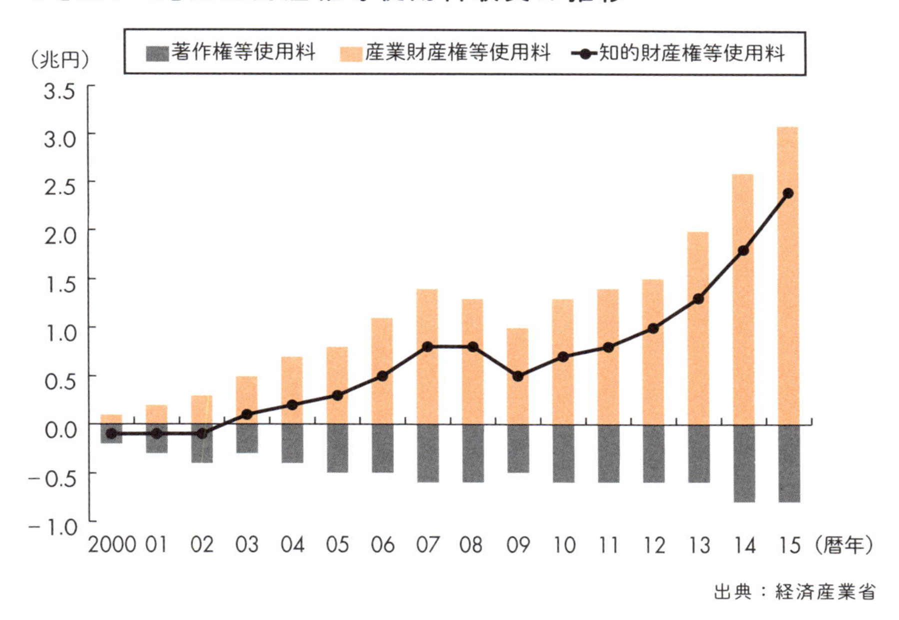

出典：経済産業省

さらに、サービス収支のほか、第一次所得収支が好調だ。

第一次所得収支は海外への投資収益だが、これも巨額の黒字が続き、貿易収支の赤字を補い、全体の経常黒字を支えている（図6-6）。

●【図6-6】第一次所得収支の推移

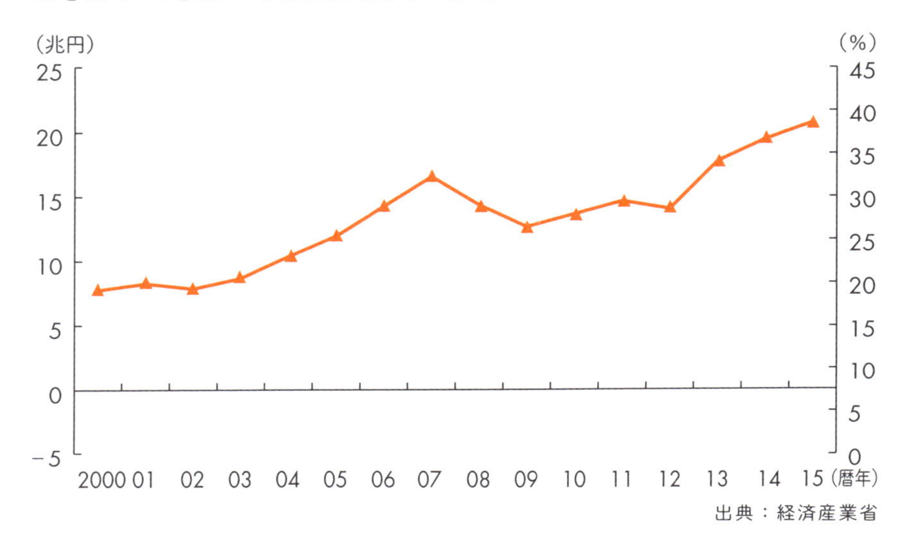

出典：経済産業省

貿易収支だけを見ると黒字は少なく、ときには、原油価格の上昇によって赤字になる。しかし、サービス収支の旅行収支や知的財産権等使用料収支と第一次所得収支の黒字によって、経常収支は大幅な黒字になっているのである。

これだけ！

- 経常収支とは、貿易・サービス収支と第一次・第二次所得収支を合わせた収支のこと
- 貿易収支は財の貿易差額
- サービス収支は、サービス取引の収支。旅行収支、知的財産権等使用料収支などが含まれる
- 第一次所得収支は、海外への投資によって得られる収益
- 第二次所得収支は、海外への援助などで基本的に赤字

コラム 貿易のヘクシャー=オリーンの定理

日本の貿易収支は大幅黒字の時代が終わり、小幅黒字か赤字が続いている。

しかし、財の貿易が消えてなくなるわけではない。2016年度上期で輸出33兆1984億円、輸入30兆2029億円と、たしかに貿易差額はわずか2兆1139億円だが、輸出額と輸入額の合計は63兆4013億円だ。

これだけの規模で輸出業、輸入業に関係する会社と社員がいるわけだから、やはり貿易は大きな存在なのだ。

第2章で学んだ比較優位の原理によると、自由に放っておけば各国は「労働生産性」の違いから得意技が生まれ、その差によって相互に交易の利益を得ることができる。

では、労働生産性の差はどうしてできるのだろうか。

スウェーデンの経済学者**エリ・ヘクシャー**（1879〜1952）と**ベルティル・オリーン**（1899〜1979）による考え方がよく知られている。

土地・労働・資本という三大生産要素の賦存量（ふぞんりょう）（理論的な総量）の比率で得意な産業が決まるという**ヘクシャー=オリーンの定理**だ。

相対的に労働量が大きい国は**労働集約型**、資本量が大きい国は**資本集約型**の産業が比較優位になるという論理である。資本よりも労働力を多く必要とする産業が労働集約型、労働力よりも大きな生産手段を必要とする産業が資本集約型である。長生きしたオリーンは、この定理で1977年にノーベル賞を受賞している。

完全競争市場で登場した**J.E.スティグリッツ**は、もっとやさしく具体的に比較優位の4つの条件を整理している。[注4]

1.天然資源の存在量、気候などの**自然条件**
2.**物的資本**、**人的資本**など、あとから獲得した資源の存在量
3.**歴史上の偶然**、人為的な政策などによってもたらされた科学技術上の優位性、蓄積された知識
4.同条件下の諸国でも比較優位を生み出す**特化（重点化）**

第2の条件の**物的資本**とは、三大生産要素の資本・土地・労働のうちの土地・資本と同じことで、具体的には**生産手段全般**（生産設備などとそれらを購入する資本）のことだ。

スティグリッツのいう**人的資本**は労働のことだが、労働集約型産業の延長線上に**知識集約型産業**を置いている。これは、人間の頭脳を集約して生産するハイテク・ソフト産業のことを指している。

第3の**偶然**とは、ハイテク企業が誕生し、次々に集積していったシリコンバレーのような存在である。日本でいうと、静岡県浜松市には楽器産業が集積しているが、これは大阪の医療器具会社の社員・山葉寅楠（やまはとらくす）（1851〜1916）が、修理のため長期間派遣されていた浜松で、偶然オルガンの修理を依頼されたことがきっかけになっている。山葉は自力でオルガンを製作し、1889年に浜松でヤマハを創業したが、ここから楽器産業の集積が始まった。このような歴史上の偶然もいたるところにあるわけだ。

第4の**特化**は、比較優位の原理で説明した得意技のことだ。

7

借金大国日本は潰れてしまうのか

財政政策と国の借金

政府の財政政策は歳入と歳出のコントロールだ。景気が低迷すると、政府は歳出を増やして経済成長率を支えようとする。

経済成長率とは、何度も登場したように、GDP（Y）＝C＋I＋G＋（X－M）の増減率のことだ。これが増えればプラス成長ということである。そして、政府が直接短期的に成長率に手を出せるのはG（政府支出）を増やすことだ。これも乗数理論で説明した通りである。

Yが500兆円とすると、Gを5兆円増やせば、最低でも1％成長することになり、乗数効果によって5兆円を超えて増える可能性がある。

この考え方は何度か登場したケインズによるもので、このような政府の裁量による政策を**ケインズ政策**という。

歳出の増加は国債の発行に頼っている

政府は景気悪化時に歳出を増やすことができるが、実際には財源がない。たとえば2016年夏に10兆円の景気対策（財政支出）を決めている。しかし、予算上は財源がない。

そこで、**国債**を発行して借金することになる。国債を購入して政府にお金を貸すのは国内の銀行や個人だ。1990年代のバブル崩壊以降、政府は何度も景気対策として財政支出を増やしているので、借金の返済は追いつかない。

国債には償還期限があるから、返済の締切も次々にやってくる。すると、政府は借り換えるための国債（借換債）も発行する。こうして積み上がった政府の借金（債務）は約1050兆円にもなる。GDPが500兆円とすると、2倍以上の借金である。政府の借金は国民への借金なので、いずれ返さなければならない。

GDPの2倍もの債務を抱えた国は日本とギリシャしかない。日本はぶっちぎりで世界一の借金王である。

このお金でG（政府支出）を増やすと、乗数理論によってGDPは投資額よりも増えていくことになる。

しかし、何をするかによる。地方の国道を整備しても乗数効果には限界がある。その地域の民間投資、消費が少し増えるだけだからだ。金額より内容が重要なのだ。

2016年夏の10兆円の財政支出では、まず、リニア中央新幹線の整備を8年前倒しで行なう、とある。これは工事発注を早めることによってI（民間投資）やC（民間消費）が早く増加することを期待している。

次が育児・保育の充実策、そしてAI（人工知能）など成長戦略への投資と発表された。

これらの事業項目を国民や企業が見て、投資を喚起し、イノベーションを生み、企業家のアニマル・スピリットが刺激されれば需要は増える。10兆円を国債で借金しても、それ以上の効果が生まれ、税収が増えてお釣りがくるかどうかだ。

なかなかよい項目を並べてはいるものの、1990年代以降は借金を減らせず、1050兆円も積み上がったことを考えると少々不安ではある。

日本が債務危機に陥らない理由

財務省の資料（図7-1）によると、2015年時点の**政府債務残高のGDP比**は、日本が1位で232.4％、つまりGDPの2.3倍である。債務危機が続くギリシャが2位でGDP比200.0％。日本より低い。

イタリアが159.9％で3位だ。主要国ではアメリカ111.4％、イギリス115.5％、フランス121.3％と軒並み100％を超え、ドイツだけが75.0％と低い。

●【図7-1】各国の政府債務残高GDP比の推移

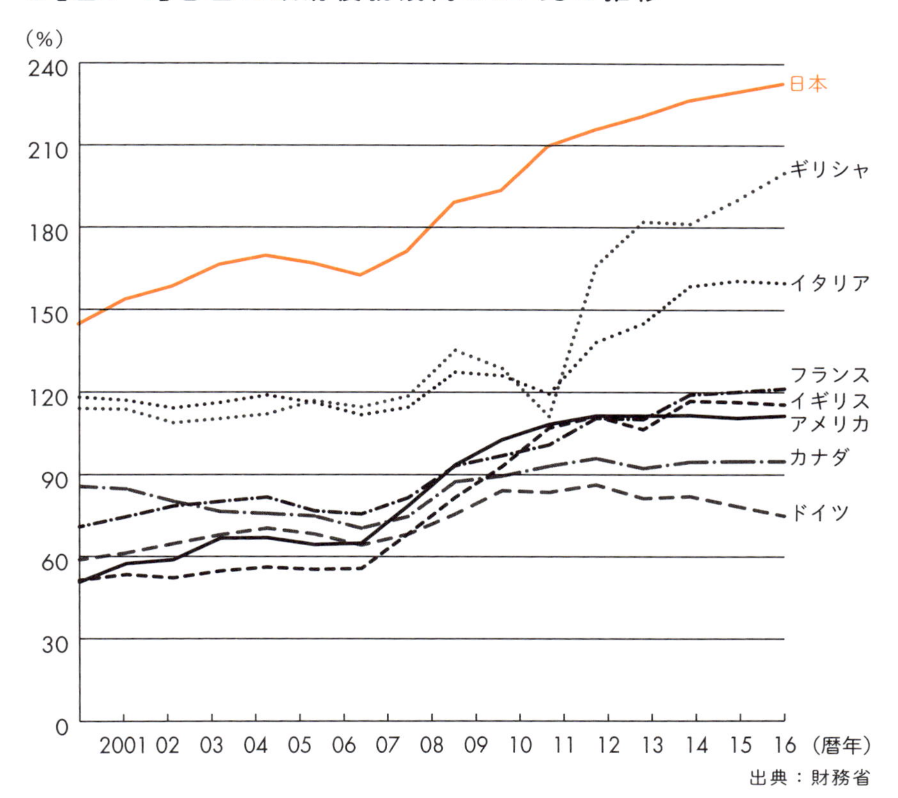

出典：財務省

日本は飛び抜けて借金を多く抱えている。

では、どうしてギリシャのような深刻な危機（債務危機）に陥らないのだろうか。

まず、政府の負債は巨額だが、資産も600兆円くらいある。

ほかに対外純資産（海外に持つ政府と個人の資産から負債を引いたもの）340兆円、そして外貨準備高は1兆2169億ドル（1ドル＝112円で換算して136兆円）もある。これは世界1位か2位の規模だ。

つまり、債務超過にはまったく遠いレベルだといえる（2017年1月時点）。

それに、日本国債を購入しているのは9割以上が日本の金融機関と個人なので、売却して日本から逃げ出すことは考えられない。これがギリシャとはまったく違う点だ。

また、政府の資産ではないが、家計の個人金融資産は1752兆円ある（2016年12月時点）。海外から見れば富裕国なわけだ。

しかし、異常な事態が続いていることは確かだ。

日本国債の多くは日銀が買っていて、事実上、政府の借金を日銀が引き受けているわけだ。デフレから脱することを目的としたアベノミクスの発動以来、日銀は2013年4月から貨幣の供給量を2倍に増やす政策を続けている。いつまでもこれを続けるわけにはいかないだろう。このままだと、いずれ貨幣価値が暴落し、ひどいインフレになるはずだ。

もっとも、日銀は物価上昇率2％を目標にしているので、2％が見えてくれば政策転換することになる。ただ、目標の期限は2018年度へ先送りされている。

歳出の財政政策に対して、**歳入面の財政政策**もある。これは税制の改変によって行なわれる。

増税すれば個人も企業も支出が減り、消費や投資は増えないだろう。

反対に所得税を減税すれば消費が、法人税を減税すれば投資は増える。減税による消費や投資への効果も、原理的には投資と同じように乗数効果が働く。

これだけ!

- 政府は国債を発行して借金し、政府支出を増やし景気対策を行なう
- 日本の国債発行残高、つまり借金の総額は1050兆円。そのGDP比では日本が世界一。債務危機に陥らないのは対外純資産などがあり、債務超過ではないからだといわれている

8 マネーを増やし続ける日本銀行の論理

金融政策と貨幣数量説

景気がいいと、物を欲しいと思う人が増え、生産量と価格が上がっていく。景気が過熱し、どんどん物価が上がっていくと生活に支障が出る。そこで金融政策を担う日本銀行は、金利を上げる方策をとる。金利を上げることによってお金を借りる人を減らし、お金の総量を減らして物を欲しい人が減るように仕向ける。すると物価は下がっていく。

反対に、景気がよくない場合、日本銀行はまったく逆の方策、つまり金利を引き下げる。不況は、物を欲しいと思う人が減ることでもあり、物価も生産量も下がる。これを改善するには、**金利を下げてお金が出回る量を増やし、借金の金利も下げて物を買いやすくする**のである。これが**金融緩和**だ。

読者は20代が多いと思われるが、物心のついた1990年代から全体として金融緩和が続いている。つまり、日本経済は25年以上も長期的に低迷し、日銀は金融緩和を続けているのだ。

1997年ごろから物価は継続的に下落し、その対策として日銀はとっくの昔に銀行間の**翌日物貸出し金利（短期金利）**をゼロに誘導しているが、デフレは長期化していて終わらない。

そこで安倍政権は、2013年4月に**アベノミクス**を導入した。アベノミクスの第2の矢が財政政策で、第1の矢は金融政策だった。金融政策は日本銀行が担当で、政府から独立した存在だが、政府と連携してアベノミクスの一翼を担ったわけだ。

2013年4月に黒田東彦（はるひこ）・日銀総裁は、**「貨幣量を2倍に増やし、2年後に、物価上昇率2%を目指す」**とする日銀政策を発表した。つまり、ゼロ金利でもお金が出回らないので、貨幣量を2倍に増やして物価を引き上げるという政策だ（貨幣量が増えると物価が上がる仕組みは後述）。

日銀はどう貨幣量を増やすか

日銀が供給するお金を**マネタリーベース**という。マネタリーベースは次の式で表される。

マネタリーベース＝日銀券発行高＋貨幣流通高＋日銀当座預金

日銀券発行高は紙幣の量、**貨幣流通高**は硬貨の量のこと。**日銀当座預金**とは、日銀と取り引きしている金融機関が日銀に持っている当座預金で、銀行間の決済や、銀行の支払い準備のために使われる。また、準備預金制度によって銀行はこの口座に預金する比率を決められており、その操作で日銀は市場に出回る貨幣量をコントロールしている。

紙幣と硬貨はつくれば増えるが、日銀当座預金残高は銀行に現金がなければ増えない。そこで、**金融機関が保有する国債を日銀が買い取ることで増やしている。**

日銀が、長期デフレから脱出するために物価上昇率2%を目指し、貨幣量を大幅に増やした2013年4月の政策を**量的・質的金融緩和**、あるいは**異次元金融緩和**という。マネタリーベースを増やす量的緩和の手法は、国債のほかにリスク資産（上場投資信託や不動産投資信託など）の買入れを積極的に行なう方法を加えたものだ。

止まらない日銀の金融緩和

しかし、それでもなかなかインフレ率が上がらないため、日銀は2016年1月に**マイナス金利政策**を初めて導入した（欧州中央銀行ではすでに導入済み）。これを**マイナス金利付き量的・質的金融緩和**という。

日銀当座預金において、預金準備率以上の超過預金に対して－0.1％の金利を付けたのである。

銀行は、日銀当座預金に入れておくと金利を払わなければならず、損をしてしまう。すると、融資先を見つけて貸し出したほうが得になるので、経済が活性化するというわけだ。

銀行は、準備預金がマイナス金利だからといって、顧客の預金金利をマイナスにはできないので、放っておけば利益が減少することになる。そこで、**住宅ローン金利**を極限まで下げて借りる人の需要を増やす努力をすることになる。

住宅ローン金利は期間1年以上の長期金利で、国債利回り（国債の金利）に連動している。

日銀はこの長期金利が0％でとどまるように、国債を無制限で買うことにしているが、金利情勢はすぐに変化するので注意したい。

たとえば、日銀が国債を大量に買っているので価格が下がって金利が上がることはないと思われていたが、**トランプ効果**でアメリカの金利が上がり、各国の長期金利も上昇傾向だ。

日本で長期金利が上がると、住宅ローンなどを借りる人が減り、景気は悪化することになる。するとデフレも止まらない。

ちなみにトランプ効果とは、トランプ大統領が財政支出を増やす政策をとると思われるので、国債が増えて価格が下落し、長期金利が上昇することである。各国の長期金利はアメリカに影響されて上がる。

なお、日銀が短期金利－0.1％に加え、長期金利0％を目標にしたのは2016年9月で、これを**長短金利操作付き量的・質的金融緩和**という。

なんだか「寿限無寿限無……」のようだが、お金をジャブジャブに増やして価値を下げ、物価を上げるための方策で、そのジャブジャブ度合いを高めているだけだから単純な話ではある。

これだけ!

- 日銀が供給するお金を**マネタリーベース**という。マネタリーベースは**日銀券発行高**、**貨幣流通高**、**日銀当座預金**の合計
- 日銀が貨幣量を大幅に増やす政策を**量的・質的緩和**、あるいは**異次元緩和**という
- 日銀が、日銀当座預金の預金準備率以上の超過預金に対してマイナスの金利を付ける政策を**マイナス金利政策**という

コラム　貨幣数量説が日銀政策の根拠か

日銀が2013年に打ち出した政策は、マネタリーベースを2倍に増やして物価上昇率を2%にする、というものだった。しかし、2倍どころか3倍以上に増やしたものの、物価上昇率はあまり上がらず、むしろ下がったこともある。どうしてだろうか。

日銀のこの金融緩和政策の根拠は、**貨幣数量説**によるものだと思う。「思う」というのは、日銀ははっきりそうは言っていないからだ。

貨幣数量説とは、1911年にアメリカの経済学者**アーヴィング・フィッシャー**が考案した法則であり、方程式だ。フィッシャー方程式（111ページ）のフィッシャーである。

次の式が**フィッシャーの貨幣交換方程式**だ。この方程式によって、貨幣量が増えると物価が上がることがわかる。

アーヴィング・フィッシャー
（1867〜1947）
生涯を通してエール大学で数理経済学を教えた。フィッシャーの方程式や債務デフレ論などで知られ、貨幣数量説の再興者としても有名

MV＝PT

M＝貨幣量
V＝貨幣の流通速度（ある期間に同じ貨幣が回った回数）
P＝財・サービスの価格
T＝取引量

何を表しているかというと、**財・サービスの価格（P）×取引量（T）は、貨幣量（M）×貨幣の流通速度（V）に等しくなる**ということである。

VとTが変わらなければ、Mを増やせば比例してPも増える（上がる）ことになる。

しかし、取引量を計測することは難しい。そこで、フィッシャーのあとで、イギリスのアルフレッド・マーシャルなどケンブリッジ大学の経済学者はTを実質国民所得（実質GDP）と置き換えた。

実質GDPとPとの積は名目GDPになるから計算可能になる。もっとあとの時代のミルトン・フリードマンも貨幣交換方程式をアレンジしているが、本質的には同じことで、**貨幣量を増やせば価格は上がる**ことになる。

では、どうして日銀政策による物価上昇率2%目標が2年間の期限内に達成できなかったのか。

おそらく**Vが減った**からだろう。つまり、いくらお金を増やしても、**Vが増えなければ財・サービスの価格Pも上がらない**わけだ。増えたお金は日銀当座預金に滞留し、個人や法人など、市中にはあまり出回っていなかったことになる。

そして2016年末からは、「もう金融緩和では物価は上がらない」という見方が増えてきた。代わりに**物価水準の財政理論**という20年以上前の考え方が再登場している。

これは、政府が財政支出をどんどん増やせば、人々は将来、お金の価値が下がってインフレになると予測するので、現時点で消費が増えて物価が上がる、という考え方だ。

いずれにせよ、お金の量を増やすという意味では同じ結果になる。

9

日本はこれからもっと豊かになれるのか

潜在成長率と格差社会

戦後の経済成長率をたどると、ざっくりと次のように分類される。

- **1956～73年度（高度成長時代）の平均成長率は9.1%**
- **1974～90年度（低成長時代）は4.2%**
- **1991～2015年度（ゼロ成長時代）は0.9%**

図9-1は国土交通省によるものだが、世代別の若年期成長率の比較が示されている。現在の若者ほど低成長しか経験していないことがわかる。

1991年以降は0%成長近辺に落ちているので、この25年間、ほとんど停滞していたようなものだ。

ほかの国よりも低いため、1人当たり名目GDP国別ランキングは4位から26位まで落ちている。それでも総額では3位なので、そんなに悲観すべきではないが。

これから給料は上がるのか

このように停滞している日本経済の将来像をどう描けばいいだろう。とくに20代、30代の若者にとっては、仕事の将来、収入、生活設計につながることだ。

●【図9-1】GDP成長率と各年代の若年期の経済成長率平均

まず、生活に直結する給料（賃金）について考えてみよう。

政府は不況の原因であるデフレを解決するために物価上昇率2%を目標にしている。ということは、その時点で名目賃金（額面）が2%以上増えていないと、実質賃金は減少し、購買力は減ってしまう。

実質賃金上昇率＝名目賃金上昇率－物価上昇率

この式を思い出して欲しい。政府が目標とする物価上昇率が2%ということは、名目賃金上昇率が2%で物価上昇率2%ならば、実質賃金上昇率は0%になってしまう。これでは何も変わらない。

仮に実質賃金上昇率を2%にするためには、名目賃金上昇率を4%にしなければならない。

しかし企業は、物価が上がらないと賃金を上げようとしない。春闘（賃金ベースアップの労使交渉）では、毎年、物価上昇率以上の賃上げはおさえられている。

それに、実質GDP成長率が25年間平均0.9%では、その程度の利益予想しかできず、企業側は賃金をそれ以上に上げられないわけだ。

結局、GDP総額を増やすか、あるいは1人当たりGDPを増やすことが必要になる。

もうひとつ重要なのは、労働分配率を引き上げるとともに、労働生産性を向上させることだ。日本の長時間労働の慣行を改めて、効率を上げていく企業努力も求められる。そのためには、組織のイノベーションが必要だろう。

また、消費を喚起することも大切だ。消費が増えなければ所得も増えないことは、三面等価の原則で説明した通りだ。

一方、欲望に火のつかない日本人は、たとえ物価が全般的に上がっても、低価格の商品を選ぼうとする。これは2014年の円安時、ユニクロの価格引上げでわかったことだ。2016年時点でも低価格の商品・食品に人気が集まっている。

これはどうしてかというと、将来のインフレが予想されれば先に買ったほうが得だが、**先に買っておくべきものがない**のである。先を争って買うのは新発売のスマホとゲームくらいか。これからの新商品に期待するしかない。プロダクト・イノベーションを生むために何が必要か、これが企業の大きな課題だ。

政府の役割は企業を後押しすることにある。市場を拡大して新しいビジネスの場を提供するための継続した規制緩和が求められよう。

潜在成長率の低迷は供給力の縮小にある

経済成長率を上げるには、**潜在成長率**を引き上げる必要がある。

潜在成長率とは、**潜在GDPの成長率**である。

潜在GDPは、現状の資本と労働力で生み出せる財・サービスの量だ。つまり、供給力である。

潜在成長率は、四半期に1度、日銀が発表していて、2016年10月時点の潜在成長率は0.2%台である。

潜在成長率0.2%台では、中長期的にこの程度のGDP成長率しか望めないのだ。

●【図9-2】潜在成長率の推移

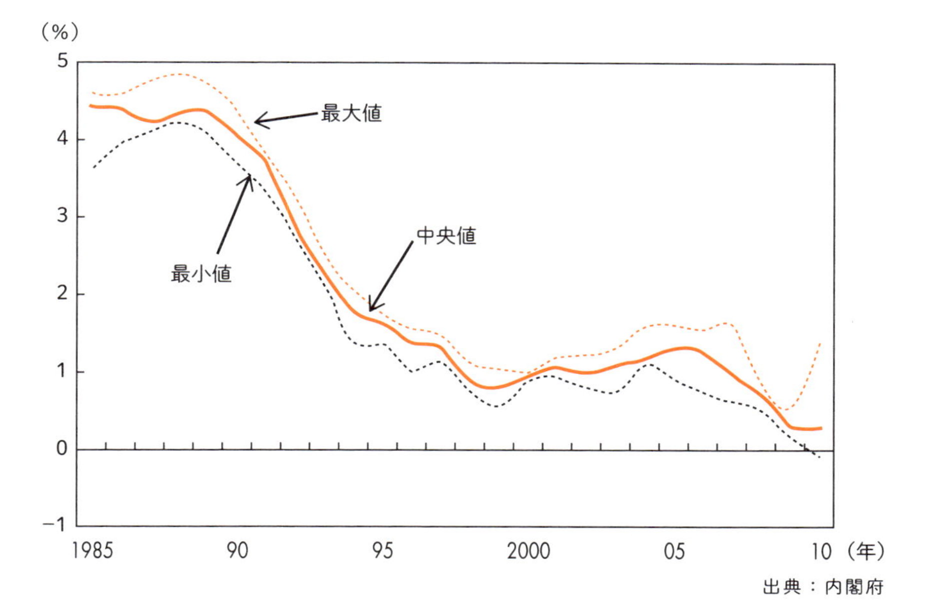

潜在GDPは供給力なので、**労働人口の減少**は潜在成長率低迷の大きな原因である。

そして、今後日本の人口は減少の一途をたどることになる（図9-3）。

人口減少下の潜在成長率向上のためには、**女性労働力を増やすこと、65歳以上の高齢者の労働環境を整備すること**だろう。**移民政策**の検討も入る。

政府が2016年から取り組んでいる「働き方改革」「女性活躍社会」はテーマとして正しいようだ。

もうひとつ重要なことは、前に述べたように**労働生産性を上げる**ことだ。

このように課題は、**女性労働力の顕在化、高齢者の活用、労働生産性の向上**である。政策だけでなく、ビジネスチャンスもここにあるに違いない。

●【図9-3】日本の人口推移と予測

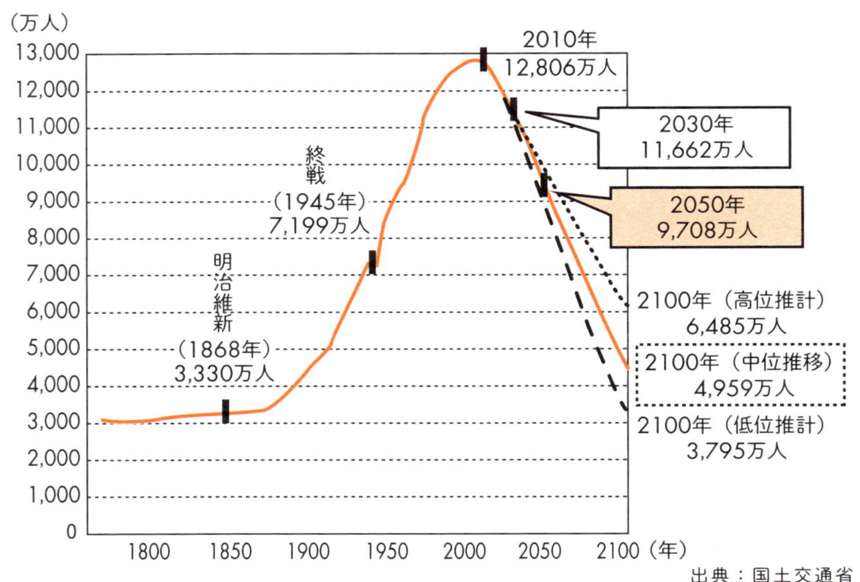

出典：国土交通省

雇用のかたちを変えないと所得格差が広がる

潜在成長率を上げるためには労働力の確保が必要になるが、人数を増やしても**非正規雇用**が拡大しては問題の解決にならない。

2000年代から非正規雇用が増え、日本人の所得格差が広がっているが、非正規雇用の賃金水準は低いため、消費が増えないからだ。消費が増えなければGDPも増えない。

OECD加盟35か国でみると、日本の所得格差の水準はOECD平均より格差が少し大きいグループだ。日本はかつて、格差の少ない国として知られていたが、現在は先進国で真ん中より悪いほうにある。1991年から25年間、平均経済成長率は0.9％だから、実質賃金上昇率も低い。低所得層も増加している。

労働経済学者の石井久子氏によると、格差拡大で深刻な問題は、第1に**非正規雇用の拡大**、第2に**貧困率の増大**だそうだ。[注5]

現在、非正規雇用は勤労者の37％を超えている。もちろん、60歳以上で定年後再就業を選択した人も含まれるが、それにしても正社員が60％強しかいないとは驚きだ。所得格差が広がるわけである。

政府は**同一労働同一賃金**のガイドラインをつくり、実質的に正社員化せざるをえない制度をつくろうとしている。

しかし、それよりもまず、公務員の非正規雇用を大きく減らし、正職員の採用を拡充すれば、数値はかなり改善するはずだ。

地方自治体職員だけで非正規比率は30％を超える（自治労、2012年）。70万人が非正規公務員だ。これを改善することは、政府ならあっという間にできるだろう。非正規公務員を正規化し、賃金を増やせば消費も増えることになる。

貧困率の増大も深刻な問題だ。17歳以下の子どもの貧困率（国民1人当たり所得を計算し、中央値の半分に達しない子どもの比率）は6人に1人、16.3％だ（厚生労働省、2014年）。これはシングル・マザーの増加に対応できていないために起きている問題で、根本的な対策はまだない。

所得格差の拡大を見ると、女性労働力の活用、非正規雇用者の削減など、労働市場の改革は潜在成長率の向上のために、欠くべからざる政策であることがわかる。

これだけ!

- **潜在成長率とは、潜在GDPの伸び率。潜在GDPは、現状の資本と労働力で生み出せる財・サービスの量である。つまり、潜在GDPは供給力を表している**
- **日本の潜在成長率は0.2％台。低下の原因のひとつとして労働人口の減少がある**
- **労働力を確保するためには、女性、高齢者の労働環境整備が重要**
- **潜在成長率を上げるためには「働き方改革」「非正規雇用の縮小」「少子化対策」「子どもの貧困率低減対策」が望まれる**

10

株・為替・債券の価格と金利の動き方

金融市場のメカニズム

金融市場とは、株・為替・債券などの金融商品が取り引きされる市場だ。お金は為替・株・債券の間をぐるぐる回っている。債券の代表的なものは国債だ。国債は国が元本を保証しているので、元本割れしない絶対に安全な資産だといえよう。

需要と供給の法則は、金融市場でも働く。株・為替・債券を欲しいと思う人が増えれば価格は上がり、売りたいと思う人のほうが多くなれば価格は下がる。

テレビのニュースでは、1時間おきに株・為替・債券の市場動向が報じられている。ネットではリアルタイムだ。

いずれも需要と供給の法則で考えることが可能だが、金融市場の様相が複雑なのは、ここに景気の動向、金利の動き、諸外国の経済状況、世界の重要ニュースといったさまざまな要素がどっとかぶさってくるためだ。

あらゆる要素を検討し、膨大な変数を整理して予測するのが金融市場のプロで、彼らの見解もネット上にあふれかえっている。情報の量におぼれそうだ。

金融緩和で動く3つの金融市場

金融市場のメカニズムは非常に複雑だが、基本だけはおさえておこう。それだけで毎日の株価や為替の動き方がよく見えてくるようになるし、プロがまき散らしている予測についても評価できるようになる。少なくとも、何を言いたいのかは理解できるようになるだろう。

では、アベノミクス（2013年4月）以降の異次元金融緩和を前提にして3つの金融市場を読んでみよう。

金融緩和のもとでは、原理として3者は次のように動く（図10-1）。

金融緩和とは、すなわち金利の低下である。日本の金利が下がる方向へ動けば、**為替は円安へ動く。**金利の低い国の通貨から金利の高い国の通貨へお金は動くからだ。

日本の金利が下がる方向で、アメリカの金利が上がる方向ならば、円は安くなる。

お金が増えて金利が下がると、**お金は株へ動く**。株はリスクが高いが、儲かる幅も大きい。これをハイリスク・ハイリターンという。リスクのある資産にお金が回ることを**リスクオン**という。

アベノミクスで物価は狙い通りには上がらなかったが、株価は2倍以上に上がった。これは原理通りの効果だった。

国債は元本が保証されており、半年ごとに利子が支払われる。満期になれば必ず元本が返ってくる。リスクは低い。低いから儲かる幅は狭い。これをローリスク・ローリターンという。

金融緩和のもとでは、お金は株に回りやすくなるので国債の買い手が減り、**債券の価格は下がる。**人気が落ちるからだ。満期の元本は保証されているが、満期以前に売却すれば価格は変動にさらされる。その価格が下がるのである。一方で**利回り（長期金利）は上がる。**金利が上がらないと、買う人が集まらないからである。

●【図10-1】金融緩和時の金融市場の動き

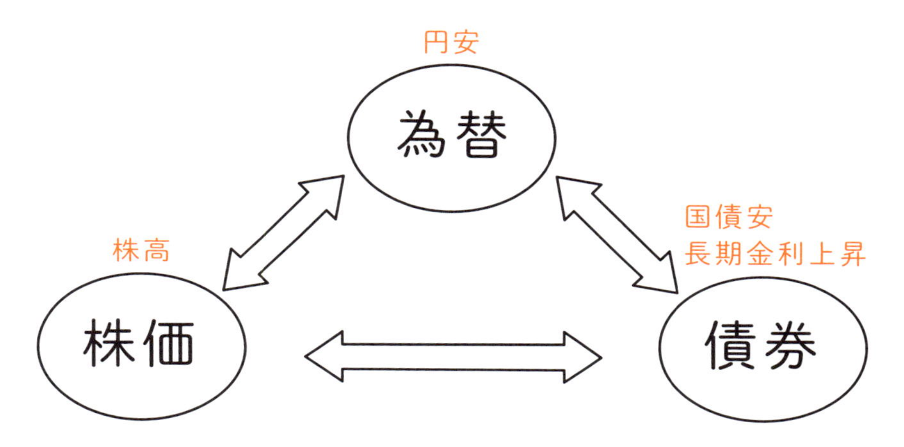

原理から外れる金融市場の動き方

これが市場原理だが、2016年9月から日銀は、長期金利が0%より上がらないように国債を無制限に買い入れている。

市場メカニズムではなく、ここでは日銀の意思が市場に影響を与える。市場へ介入しているわけだ。

日銀の介入以外にも図10-1のメカニズムが変わることがある。

たとえば、大災害や近隣諸国の経済危機など、日本経済に大きなリスクが発生すると、円の価値は下がるために円安となり、株ももちろん大幅に下がる。代わりに安全な国債にお金が集まるため、国債の価格が上がり、長期金利は下がることになる（図10-2）。

●【図10-2】国内リスク発生時の金融市場の動き

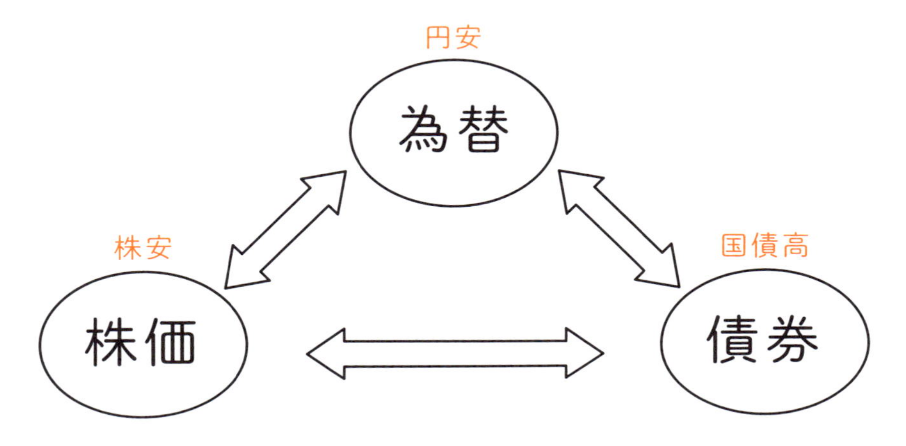

また、海外でリスクが発生した場合は、相対的に安全な資産とされる円が買われ、円高となる。安全資産にお金が回ることを**リスクオフ**という。お金は株から債券に回り、株安、債券高となる（図10-3）。

●【図10-3】海外リスク発生時の金融市場の動き

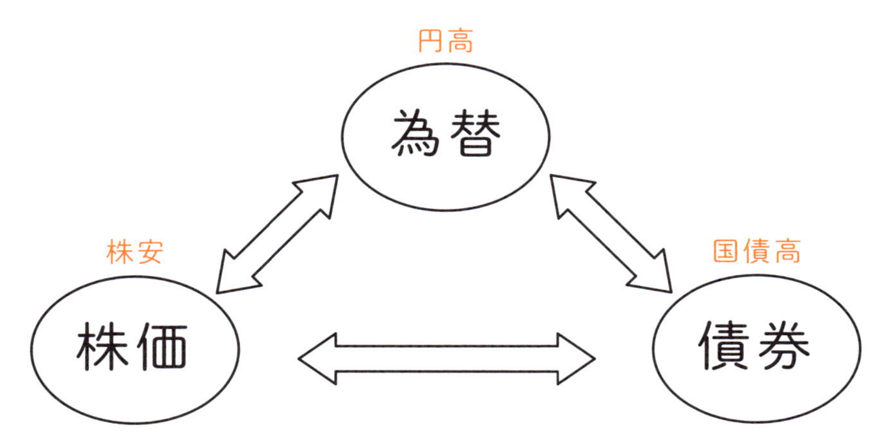

ちょっとしたきっかけで敏感に、そして短時間で激しく反応するのが金融市場だ。財・サービスの市場における需要と供給の法則のように、静かに秩序立って動くわけではない。十分に注意して観察しよう。

これだけ!

- お金は**株・為替・債券**の間を回っている
- 金融緩和下の原理は、**円安・株高・債券安**
- 日本にリスク発生→**円安・株安・債券高**
- 海外でリスク発生→**円高・株安・債券高**
- 原理は少しのきっかけで**反対に動く**ことがある

第4章

知らないとヤバい！
現代経済史60年の
10大経済ニュース

なぜ経済史を学ぶ必要があるのか

未来の予測につながる過去の研究

経済システムは複雑で、生物や気象に近い。安定した鉄のような物質とはまったく違う。

このようなシステム（系）を複雑適応系、あるいは複雑系という。ある秩序で均衡している期間が続くと、突然、内部から、あるいは外部からの衝撃によって秩序が乱れる。ときには崩壊する。生物でいえばウイルスの感染、気象では台風や竜巻のような事態である。

この衝撃が報道されると、人々の行動は大きく影響され、さらに秩序は混乱する。

第1章で学んだように、市場は徐々に均衡点に向かって安定への道をたどる。

経済学は均衡点を探すことを使命のひとつとしている。ある衝撃によって経済秩序は乱れるが、時間をおいて観察すると、その混乱は次の秩序への移行期間であることがわかる。

歴史的経済ニュース（事件）を分析することは、将来の秩序を予測する参考になる。ビジネスにとっても非常に重要な考察だ。

年表（204ページ・図0-1）から10の衝撃（事件）を選び、それぞれの項目でくわしく考察してみよう。

まずおさえたい「3つ」の政治思想

経済史を学ぶうえで**政治思想**（政党の思想的背景）は切り離せない関係にある。政治思想をしっかりおさえておけば、経済ニュースへの理解がグッと深まる。

政治思想と、その背景にある経済学（経済思想）は大きく3つに分かれている。注1

①保守主義・新自由主義……新古典派経済学（右派）
②リベラリズム（リベラル）……ケインズ経済学（中道）
③社会民主主義……マルクス経済学（左派）

ニュースで登場する政治思想の呼び方は、**①右派**、**②中道**、**③左派**である。ときおりそれぞれの中間にある中道右派、中道左派、左右へ飛び出た極右、極左も出てくるが、まずは基本の3つを覚えよう。

「①保守主義・新自由主義」の考え方は、第1章と第2章でたくさん登場した。背景にある経済学は、市場メカニズムを第一義とする新古典派経済学だ。政府の介入を抑制する**小さな政府**を目指す。

「②リベラル」は、第3章のGDPの式でいうと、経済危機のときはGを増やして政府が経済を救う、つまり政府が市場へ介入することを第一義とする。つまり**大きな政府**を目指す。

「③社会民主主義」は、**政府主導の高度な福祉国家を目指す**政治思想であり、経済学である。リベラルよりさらに大きな政府となる。

この3つの政治経済思想が重要なのは、たとえば新自由主義が危機を招き、政策の基盤が崩れると、次に選択する秩序はリベラルか社会民主主義しかないので、予測が可能となるからである。

あるいは、3つの経済学と政治思想を組み合わせて政権を運営することもある。日本の安倍政権は保守主義政権だが、経済政策については政府が大きく介入するリベラルである。①と②の組み合わせだ。ドイツのメルケル政権は①と③政党の大連立で運営されている。

2016年のアメリカ大統領選でいうと、トランプ大統領は共和党なので①、クリントン候補は②だった。民主党でクリントンと争ったサンダース候補は③で、はっきり自分を社会民主主義者だと主張していた。

トランプ大統領の登場が人々の予想をかき乱しているのは、共和党主流派からみて、右派より右へはみ出しているからだ。そのために予測がつかない。また、右派は自由貿易による市場拡大論を主張するが、トランプ大統領は自由貿易に否定的で、②③の保護貿易に寄っている。ますます予測がつきにくい。

いずれにせよ、3つの座標軸をきっちり押さえておくと、どこが合致して、どこがずれているかがわかるので、「何かヘンだ」で終わるのではなく、明確に違いを知ることができるだろう。ビジネスの相手国の方向性を知るためにも必要な知識である。

混乱の次には必ず新しい秩序に均衡する。気象の場合、台風のような衝撃でかき乱されたあと、必ず次の平衡状態にもどる。生物の進化では、カンブリア紀（約5億年前）の爆発的な進化のあと、しばらく平衡状態が続いたことが知られている。

細胞の免疫系の仕組みも同様で、ウイルスなどの「他者」が細胞に入り込むと生命システムは大混乱するが、やがて免疫細胞が動きだし、「自己」のシステムを回復させて平衡状態に戻す。なお、自然科学では平衡、経済学では均衡と書くが、英語では同じでequilibriumという。[注2]

同様に、世界の政治経済情勢の動向を読み解くには、均衡条件を探る経済学の基礎知識が役に立つはずだ。左右に大きくずれた政治は、必ず3つの経済思想のどこかにいずれは均衡する。あるいは妥協することになる。それまでは混乱が続く。

以下、図0-1には重要な経済ニュースを1項目入れ、その年のGDP名目総額、名目成長率、実質成長率を加えた。名目成長率と実質成長率の差は物価上昇率である。[注3]

●【図0-1】現代経済史60年の10大経済ニュース

暦年	名目総額（10億円）	名目成長率前年比（％）	実質成長率前年比（％）	主なニュース
1955	8,588.60	—	—	社会党統一、自民党結成
1956	9,668.90	12.6	7.5	「もはや戦後ではない」
1957	11,142.60	15.2	7.8	軽自動車発売
1958	11,840.40	6.3	6.2	東京通工、ソニーへ改称
1959	13,535.70	14.3	9.4	貿易の自由化開始
【1】国民所得倍増計画で高度成長へ				
1960	16,428.90	21.4	13.1	国民所得倍増計画決定
1961	19,842.80	20.8	11.9	ベルリンの壁（東西対立）
1962	22,517.20	13.5	8.6	地下鉄基本計画発表
1963	25,770.80	14.4	8.8	ガット11条国移行
1964	30,314.80	17.6	11.2	東京オリンピック
1965	33,726.50	11.3	5.7	昭和40年不況、赤字国債
1966	39,169.40	16.1	10.2	いざなぎ景気始まる
1967	45,901.70	17.2	11.1	資本取引の自由化始まる
1968	54,362.00	18.4	11.9	GNP世界第2位に
1969	63,858.30	17.5	12.0	東名高速道路全通
1970	75,265.30	17.9	10.3	日本万国博覧会
【2】ドル・ショックで円が大幅に切り上がる				
1971	82,814.00	10.0	4.4	ドル・ショック
1972	94,813.60	14.5	8.4	自動車排ガス規制答申
【3】原油価格の高騰で長期インフレへ				
1973	113,745.40	21.8	8.0	変動相場制へ移行
【4】初のマイナス成長とスタグフレーション				
1974	115,443.70	19.3	▲1.2	戦後初のマイナス成長
1975	152,210.80	10.5	3.1	第1回先進国首脳会議
1976	170,934.80	12.3	4.0	超LSI技術研究組合結成
1977	190,482.20	11.4	4.4	「集中豪雨的輸出」批判
1978	209,756.10	10.1	5.3	日米半導体戦争
1979	227,347.60	8.4	5.5	第二次オイル・ショック
【5】民営化・規制緩和の新自由主義が主流に				
1980	246,464.50	8.4	2.8	自動車現地生産開始
1981	264,966.20	7.5	4.2	レーガノミクス
1982	278,179.00	5.0	3.4	中曽根「民活」政策
1983	289,314.50	4.0	3.1	トヨタGM提携合意
1984	307,498.60	6.3	4.5	日米農産物交渉

【6】プラザ合意で日本企業は海外進出へ

1985	330,260.50	7.4	6.3	プラザ合意
1986	345,644.40	4.7	2.8	英金融ビッグバン
1987	359,458.40	4.0	4.1	国鉄の分割民営化
1988	380,742.90	7.5	7.1	リクルート事件

【7】日本のバブル経済とその崩壊
【8】東西冷戦の終結とグローバル資本主義の時代

1989	416,245.80	7.7	5.4	ベルリンの壁崩壊
1990	449,392.20	8.0	5.6	日本の株価下落
1991	476,430.80	6.0	3.3	ソ連解体
1992	487,961.40	2.4	0.8	銀行不良債権浮上
1993	490,711.80	0.6	0.2	非自民連立政権
1994	495,934.10	1.0	0.9	自社さ連立政権
1995	501,706.90	1.2	1.9	1ドル＝79.75円
1996	511,934.80	2.0	2.6	日本版金融ビッグバン

【9】日本の金融危機とインターネットの普及

1997	523,198.30	2.2	1.6	銀行・証券破綻続く
1998	512,438.60	▲2.1	▲2.0	航空自由化
1999	504,903.20	▲1.5	▲0.2	単一通貨ユーロ導入
2000	509,860.00	1.0	2.3	そごう破綻
2001	505,543.20	▲0.8	0.4	日銀、量的金融緩和
2002	499,147.00	▲1.3	0.3	総合デフレ対策発表
2003	498,854.80	▲0.1	1.7	日立、成果主義賃金体系
2004	503,725.30	1.0	2.4	ダイエー破綻
2005	503,903.00	0.0	1.3	郵政民営化法成立
2006	506,687.00	0.6	1.7	3メガバンク公的資金返済
2007	512,975.20	1.2	2.2	サブプライム・ローン問題

【10】リーマン・ショックと仮想通貨の登場

2008	501,209.30	▲2.3	▲1.0	リーマン・ショック
2009	471,138.70	▲6.0	▲5.5	民主党政権発足
2010	482,384.40	2.4	4.7	日本航空破綻
2011	470,560.10	▲2.5	▲0.6	東日本大震災
2012	475,528.90	1.1	1.9	欧州安定メカニズム
2013	507,401.10	2.6	2.6	日銀の異次元緩和
2014	517,866.60	2.1	▲0.4	子どもの貧困率最大
2015	532,191.40	2.8	1.3	りそな銀行公的資金完済

※暦年・内閣府長期経済統計（1955〜2012年）
※年度・内閣府2次速報値（2013〜15年度）ただし長期経済統計とは基準年が違うため参考値

1

国民所得倍増計画で高度成長へ

大規模公共投資の大きな効果

政府主導で成長した60年代

1960年の安保闘争後、岸信介首相（安倍首相の祖父）が辞任すると、後継の池田勇人首相は**国民所得倍増計画**を発表した。GDPを2倍にするという計画だった。

当時の生活スタイルは、今では想像ができないほど貧しいものだった。テレビ放送は1953年に始まっていたが、テレビ受像機は高くてなかなか買えない。1960年時点のテレビの世帯普及率は、7年もかかってようやく45％程度だった。洗濯機も40％、冷蔵庫は17％である。

半分以上の家庭ではラジオを聞き、洗濯はタライに洗濯板で手作業、ほとんどの家庭では木箱に氷を入れて冷蔵庫にしていた。街には氷屋という商売があり、氷のかたまりを宅配していたのである。

貧しい国民の所得を倍増させる計画など、民衆は半信半疑だったのだが、実際、急速にGDPは増えていった。

インフラ整備のための公共投資がどんどん行なわれ、1960年代を通して、機械、鉄鋼、自動車、電気製品の輸出が伸びた。ソニーのトランジスタラジオとテレビは世界市場を制していく。輸入も多いため、貿易収支はゼロ周辺だったが、メイド・イン・ジャパンの製品は確実に増えていった。

当時の為替レートは**固定相場制**で**「1ドル＝360円」**と決まっていた。今から見ればものすごい円安である。そのため日本製品は、海外では非常に安かったのだ。

国民所得倍増計画の期間に開催された1964年の**東京オリンピック**を境にして、一挙に国民のライフスタイルは、現代のものに近づくことになる。

1970年には、電気製品（テレビ、洗濯機、冷蔵庫）の世帯普及率が90％を超えた。

2020年の東京オリンピック・パラリンピックをひかえて、五輪施設や道路建設の計画に政治家や官僚が浮足立ち、数兆円単位の支出額の声が飛び交っている。これは、1964年の東京オリンピックが高度成長を押し上げた社会的記憶が、21世紀にも色濃く残っているからだ。

東京オリンピック開会式で聖火台に上がる聖火ランナー（1964年）

東海道新幹線の開業もオリンピックと同じ1964年で、21世紀になっても新幹線建設の夢を追っているのも、やはり高度成長時代の記憶が促しているのである。

このようにして1960年代には、インフラ、生活家電の普及、輸出の振興と、いずれも政府主導で需要が急増していった。

生活面で不足し、膨大な需要があった財・サービスが、大量に供給されたわけだから高度成長は当然だともいえるが、政府がはっきりと目標を定めた効果は大きかった。

貿易と資本取引の自由化がスタート

こうして名目成長率は常に10%台の後半、実質成長率も10%を超える年が1970年まで多かった。

結局、1960年のGDP16.4兆円は、1970年には75.3兆円へ増えた。倍増を超えて4.6倍に増えたわけだ。

さらに、5%から8%のインフレ率は当たり前の時代だった。需要が強かったので、需要曲線は右へシフトする。価格は上がる一方だった。インフレが常態であり、人々は先に買ったほうが得なので、物はどんどん売れた。

超円安の固定相場でばんばん輸出し、海外の資本を参入させず、輸入も制限し、国内需要は国内でまかなっていたのだから、敗戦国日本は国際的に保護されて育ったといえる。

しかし、1960年代の高度成長によって、国際社会は日本を保育箱から出そうとする。

1963年にはガット11条国へ移行し、国際収支を理由にして輸入を制限できないことになった。

輸出が増えたとはいえ、輸入も増えているので、経常収支は赤字の年が多かったが、「赤字だから輸入を制限する」とは言えないという趣旨の国際条約に調印したのだ。輸入規制の緩和を義務付けられたのである。先進国に近づいたともいえる。ここから自由貿易への道もスタートする。

1967年には**資本取引の自由化**が始まり、物だけでなく、お金の移動も自由化への道をたどっていく。

アジア諸国の目標となった日本の高度成長

1970年に大阪で日本万国博覧会が開催され、高度成長時代の最後を飾った。大阪府は2025年の万博誘致を目指しているが、これも1970年の記憶が導いているわけである。万博の入場者数は約6400万人と、空前の規模だった。

大阪で開かれた日本万国博覧会の会場。現在は、万博記念公園となっている(1970年)

政府が主導し、公共投資の計画を立て、輸出を振興して高度成長を図る。この日本の成長モデルはアジア諸国の目標となった。

1980年代から90年代にかけて、シンガポール、韓国、台湾、中国、マレーシアなどが高い経済成長率を達成したのも、日本モデルを参考にしたのである。

さらに、この日本モデルは、プラスの側面だけでなくマイナスの側面も参考になる。

第1章で、東京湾アクアライン（東京湾横断道路）の外部経済として木更津市にショッピングモールが集積し、人口が増加していることを述べた。このような大規模な投資はプラスの外部経済ではなく、マイナスの効果（外部不経済）を与えることもある。

1960年代高度成長の外部不経済は公害だった。環境規制が未熟で、大気汚染、水質汚染が全国の都市部と工業地帯に現れた。1968年に大気汚染防止法が公布されている。

中国の大気汚染が深刻だが、1960年代日本の公害の経験を学ぶ必要がある。経済規模は当時の日本どころではない。出現した外部不経済の規模も未曾有のものがある。

日本の高度成長は世界史的な事象であり、プラス面もマイナス面も多くの国にとって教材になるのだ。

2

ドル・ショックで円が大幅に切り上がる

日本の市場経済の始まり

日本の高度成長を支えた「固定相場制」

四六時中、株価と為替レートの数字が流れている。株に関心のない人、海外旅行なんて当分予定がない人でも、日経平均株価と円ドル・レートの最新情報は、あちこちで目にする機会が多い。

為替レートも市場メカニズムで動く。ドルを欲しいと思う人が増えればドル高円安になり、減れば円高ドル安になる。

しかし1971年までは、「1ドル＝360円」の超円安水準で固定されていたので、一般市民はだれも為替レートなんて気にしたことはなかった。円の価値は低く、輸出には有利だが、輸入品は高額。海外旅行など夢のまた夢だった。

固定相場といっても多少の変動幅があった。「1ドル＝360円」に対して上下1％の幅で動いていたのである。この幅をバンドという。

戦後の国際通貨体制**（ブレトンウッズ体制）**を日本から見ると、まず、ドルの価値を「金1オンス＝35ドル」で固定、そして1ドルを360円で固定している。

円紙幣は、いつでもこのレートでドル紙幣と交換でき、ドル紙幣はいつでも金と交換できる、という金の価値と信用を背景にして通貨制度を安定させていたのだ（このように金と交換できる紙幣を金兌換券という）。

1960年代の日本は「固定相場制」を背景に成長していく。日本は輸入原材料を元にし、付加価値を高めて輸出していた。

したがって、徐々に貿易黒字が増え、やがて黒字は巨額になるだろうとだれでも予測できていた。すると、円への需要が増すことも明らかで、1%のバンドの上限に張り付いて円は買われていた。

円買いが増えている中、固定相場制を守るためには日銀が円を供給しなければならない。円の量が変わらず需要が増えると円高になるからだ。そのために日銀は、ドルを売っていたのである。固定相場制とは、中央銀行が守らなければならない制度であり、放っておいたわけではないのだ。

ドル・ショックと固定相場制の終わり

アメリカから見ると、世界経済全体におけるアメリカのシェアは落ちていた。敗戦国日本と西ドイツ（当時）が成長していたからだ。

しかし固定相場制なので、アメリカはドル高の水準を維持しなければならない。輸出は減り、明らかに不利だ。安い輸入品がアメリカ国内にあふれ、国内産業が打撃を受けた。産業構造を変えるしかないが、時間がかかる。

アメリカ経済が弱くなっているので、ドルは売られる一方だが、中央銀行の**FRB（連邦準備制度理事会）**は固定相場を守るためにドルを無制限に買い支えなければならない。

この矛盾に対して、1971年8月15日、**ニクソン大統領**が突然、「ドルと金の交換停止」を発表し、国際通貨体制を壊してしまった。ドルの価値を高い水準で維持するのは無理な状況になったというわけだ。これを**ド**

ル・ショックという。合わせて、ドル防衛策として10%の輸入課徴金をかけることを発表した。

いきなり為替は、市場メカニズムだけで動く変動相場制に突入し、一気に円高となった。もちろん輸出価格が上がり、輸出数量は減る。貿易立国日本には打撃である。当然、日本株は暴落した。

ドル・ショック当時の週刊ダイヤモンド(1971年8月28日号)

こうして1971年の日本の実質成長率は4.4%となり、それまでの実質二桁成長に比べて半減することになった。いきなり不況になったのである。高度成長時代はこの時点で完全に終わった。次の時代は、数%の成長率に適応していく過程となる。

「円高=不況」という連想は、その後もたびたび浮上する。輸出企業にとっては、輸出製品の価格が上昇するため、価格を維持するためにはコストを下げざるをえない。すると、賃金の上昇が抑えられ、消費が減少する。したがってGDP成長率が落ち、不況になるというわけだ。

21世紀にも登場する円高への恐怖の原点は、ドル・ショックにある。為替レートの変動が日常生活に影響するきっかけとなった大事件だ。

変動相場制のスタート

1971年8月15日のドル・ショック後の4か月間、変動相場制が続き、12月にいったん固定相場制に戻った。世界的な混乱を収拾するためだった。12月の10か国蔵相・中央銀行総裁会議で決まった固定レートは、

「金1オンス＝38ドル」、「1ドル＝308円」だった（この合意事項を、国際会議の会場となったワシントンのスミソニアン協会にちなみ**スミソニアン合意**という。ここで決まったレートを**スミソニアン・レート**という）。

ここでドルを切り下げたわけだが、これは長続きしなかった。上下の変動幅（バンド）も広がり、再びドルは売られていく。円には買い圧力が増していった。そしてスミソニアン合意の14か月後、1973年2月12日にアメリカはドルを10％切り下げた。

日本は2日後の2月14日、再び変動相場制へ移行した。初日のレートは「1ドル＝264円前後」だった。これ以降も為替市場は混乱が続き、不安定となる。これも新しい秩序に移るまでの期間だといえよう。

3

原油価格の高騰で長期インフレへ

オイル・ショックの襲来

第4次中東戦争とオイル・ショック

1973年10月6日、**第4次中東戦争**が勃発した。ペルシャ湾岸6か国は**石油戦略**を発動し、原油価格を2段階で1バレル（約159リットル）3.01ドルから11.65ドルへ、3.87倍も引き上げると発表した。これは、中東戦争の当事国であるアラブ諸国に敵対し、イスラエルに味方する国へ発動するとした外交戦略だった。

日本はアラブの友好国だと、外務大臣を湾岸諸国へ派遣して説明することになる。しかし11月25日に、サウジアラビアが原油供給量を10％削減すると発表。ここでパニックが始まり、日本ではトイレットペーパーの買い占めなど、家庭に影響が及ぶようになった。これが**オイル・ショック**だ。

実際の原油価格は3.87倍には上がっていないが、日本の原油購入代金は30％くらい増えている。

原油価格の高騰が引き起こしたインフレ

このニュースが伝わった瞬間、期待インフレ率（予想物価上昇率）が上がり、実際に大インフレになってしまった。インフレ下では先に買うほうが得だから、パニックになると先を争って買い急ぐことになる。原油価格は3.87倍には上がらなかったが、それでも日本はアメリカに次ぐ原油輸入国だ。

原油価格の高騰によって、経常収支は1970年代に赤字を続けることになる。

洗剤、トイレットペーパーなどの日用品の品薄を危惧した消費者の買いあさりでパニックになるスーパー(1973年)

21世紀の日本人は忘れてしまっただろうが、インフレのパニックは恐ろしい。スーパーの店頭から生活物資が次々に消えていき、まったく石油と関係のない商品まで品不足と値上げが続いたのである。

インフレになると、売る側は遅らせたほうが得なので、売り惜しみして儲けようとする企業が続出し、さらに供給不足となる。供給曲線は左へシフトし、インフレは進む。

こうした売り惜しみをする企業の行動が批判され、企業の社会的責任が問われるようになった。

このインフレ下の売り惜しみについて、ある石油元売会社が社内文書で「石油危機は千載一遇のチャンス」と書いていたことが発覚し、社長が辞任する騒ぎになった。「千載一遇のチャンス」は1974年の流行語にもなった。

4

初のマイナス成長とスタグフレーション

経常赤字、インフレ、不況の三重苦

1974年のGDPは115.4兆円、名目成長率は19.3％、物価上昇率を除いた実質成長率は前年比▲1.2％と、第2次大戦後、**初めてマイナス成長を記録**した。さらに**消費者物価上昇率は23.2％と、史上最悪の大インフレとなる。**大インフレで大不況だ。危機的な事態である。

インフレと失業率上昇が同時に来る異常事態

実証的なデータから、インフレ率と失業率は逆相関関係にあることが知られていた。物価が上昇すると賃金も上昇するので、縦軸を「物価上昇率＝賃金上昇率」とし、横軸に「失業率」をとると、図4-1のような相関関係（**フィリップス曲線**）となる。つまり、**物価（賃金）が上昇すると失業率が低下し、物価（賃金）が下がると失業率は上昇する。**

物価がゼロを下回り、デフレになると失業率はさらに上昇する。2013年以降の日銀が物価上昇率2％を目標にしているのも、フィリップス曲線を前提にしている。

失業率が下がれば好況、上がれば不況である。物価（賃金）上昇率は上がれば好況、下がりすぎれば不況ということだ。

●【図4-1】フィリップス曲線

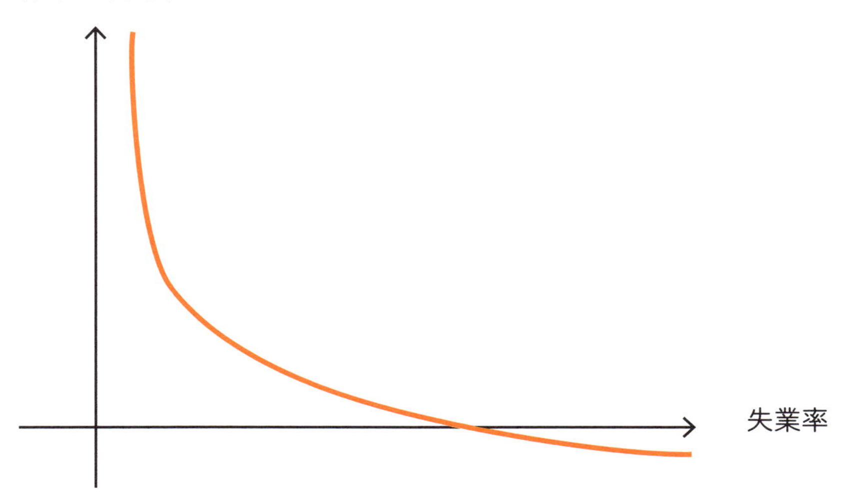

ところが原油価格の高騰は、このフィリップス曲線を崩してしまったのである。インフレ率が高いまま、失業率が上昇することになったのだ。

日本の国民所得の一部が、そっくり産油国へ移転したからである。GDPの式でいうと、需要項目の貿易差額（X－M）が急にガクンと減少して、その分が産油国のGDPに乗ったことになる。需要が落ちて不況になり、コストが急上昇してインフレになったわけだ。このインフレを**コストプッシュ・インフレ**という。

インフレ下の不況は新しい事態であり、これは**スタグフレーション**と名付けられた。スタグネーション（停滞）とインフレーションを合わせた造語で、その後、この言葉は定着することになった。

日本が襲われた三重苦

オイル・ショックの結果、日本の1974年の経常収支はいきなり1兆3000億円の赤字となる。原油輸入代金の増加分が146億ドルにのぼったからだ。これは名目GDPの3.5%に相当した。

経常収支の悪化、高インフレ、不況、この三重苦に襲われたわけだ。日本だけではなく、すべての原油輸入国が同じ事態に直面していた。反対に産油国には膨大なマネーが蓄積された。

先進国（OECD加盟国）の経常赤字は240億ドル、非産油途上国の経常赤字は270億ドル、計510億ドルにのぼり、産油国の経常黒字は600億ドルまで膨らんだ。原油輸入国の富が産油国にそっくり移転したわけだ。

1960年代の先進国は政府の財政支出とその乗数効果で不況を脱してきた。大きな政府の時代である。背景にあった経済学はケインズ経済学だ。

しかし、1970年代のオイル・ショック以降、財政支出はインフレを高進させ、不況も深くなってしまった。こうして1970年代後半は、**経済学の危機**と言われた。正しくは**ケインズ経済学の危機**である。

日本は1978年まで高インフレが続くが、実質成長率は1975年からプラスに転じ、輸出が激増していた。

日本の製造業は**省エネ技術**を発達させ、競争力をつけた工作機械や自動車の輸出を増やしていったのである。日本の輸出の増加は、アメリカから**集中豪雨的輸出**だと強く批判されるほどだった。

日本はオイル・ショックによる構造変化に適応していった。エネルギーの多様化、省エネをきっかけとした技術開発が進み、民間投資が増え、世界的に見ても景気回復は早かった。1975年から1979年まで、実質成長率は平均で年4.5%と、高度成長は終わったものの、**中成長**が続いた。

1979年に**イラン革命**が起き、欧米の国際石油資本（オイル・メジャー）に支配されていた原油生産設備を革命政府が国有化した。生産は止まり、世界的な供給不足となって原油価格が急上昇する。これが**第二次オイル・ショック**である。

日本は、すでに省エネ社会に適応しつつあり、第一次オイル・ショックのようにマイナス成長にはならなかったが、1980年の実質成長率は2.8％とそれまでの4～5％成長に比べると、またガクンと落ち、**低成長時代**に入ることになる。

5

民営化・規制緩和の新自由主義が主流に

サッチャリズムとレーガノミクスと中曽根民活

イギリスで始まった世界的な民営化の波

1970年代の2つのオイル・ショックで、イギリス経済はスタグフレーションを乗り越えられなかった。

歴代の政権による社会主義的な政策（政府による福祉国家体制）で財政赤字は慢性化し、インフレも続く。数多くあった国営企業では労働組合によるストライキが頻発し、極度に生産力が落ちていた。イギリス経済の非効率性は**イギリス病**と呼ばれた。

1979年5月、総選挙で保守党が勝ち、**マーガレット・サッチャー**（1925～2013）が首相に就任した。サッチャーは**国営企業の民営化**に乗り出す。鉱山、鉄鋼、電力、航空、通信など、巨大な国営企業を次々に民営化していった。市場メカニズムを入れて効率化しようというわけだ。

さらに、国営企業の株の売却益は政府の収入となる。また、福祉を縮小して公務員を減らし、規制緩和を進めて財政支出を削減した。そして10年がかりで財政再建を果たし、経済成長率を伸ばすことに成功した。この民営化と規制緩和路線の市場主義を**サッチャリズム**という。

政府の財政・金融政策によって経済成長を支えようと考えるケインズ経済学と、その政治経済思想であるリベラリズムに対して、政府を小さくして市場を重視する考え方を**ネオ・リベラリズム**という。ネオ・リベラリズムが**新自由主義**と訳されたわけだ。

1981年1月、アメリカ共和党の**ロナルド・レーガン**(1911〜2004)が大統領に就任し、時を同じくして、富裕層の所得税減税など、小さな政府を目指す**新自由主義政策**を動員する。1970年代のスタグフレーションを克服できなかったリベラリズムへの反作用だといえよう。レーガンの経済政策を**レーガノミクス**という。

日本では自民党の**中曽根康弘**(1918〜)が1982年に首相へ就任し、サッチャリズムやレーガノミクスに通じる新自由主義の経済政策を導入した。これが**民間活力(民活)導入**と呼ばれる政策である。

日本専売公社、日本電信電話公社、日本国有鉄道といった巨大国営企業が1985〜87年に民営化され、それぞれJT、NTT、JRへ変わり、さらに分社化されていった。また、膨大な国鉄の所有地が民間へ払い下げられた。

この民活政策はその後も続き、郵政3事業(郵便、郵便貯金、簡易保険)民営化の完成(2007年)まで進む。

地方自治体も民活を進め、2003年には**指定管理者制度**が導入され、図書館などの公共施設の運営を民間へ委託するケースが増加している。

6

プラザ合意で日本企業は海外進出へ

急激な円高の到来

アメリカのインフレ抑制政策とプラザ合意

オイル・ショックによる激しいインフレを退治するため、アメリカではポール・ボルカー（1927～）がFRB議長に就任した1979年から短期金利（政策金利）を引き上げていく。1981年の短期金利はなんと20％まで引き上げられた。

金利を上げることによってお金の量を全体に減らし、物を欲しい人が減るように仕向けて物価を下げる。これは第3章で述べた通りだ。

物価上昇率は高金利政策の結果、13％以上の大インフレから、1983年には3.2％まで沈静化した。その代わり不況に見舞われる。高金利だから借金しにくく、投資も進まないのだから当然だ。それでもボルカーは、インフレの根治を優先した。

その後は金融緩和へ転換し、不況も脱することになるのだが、それでもなお超高金利だったため、世界のマネーはドルに集まった。定期預金するだけでも儲かるのだから当然だ。そのため1982年からドル高が高進した。

ドル高が続けばアメリカの輸出は減少し、輸入が増え、貿易赤字となる。1960年代後半のようにドルは不安定となった。

そこで、1985年9月22日に**先進5か国蔵相・中央銀行総裁会議（G5）**がニューヨークのプラザホテルで開催され、協調してドル安へ誘導することになった。これが**プラザ合意**である。これは5か国（日本、西ドイツ、アメリカ、イギリス、フランス）の合意だ。各国が国際収支の不均衡を是正するという目的で、具体的には、各国が自国通貨買い、ドル売りの市場介入をしてドル安へ誘導するものだった。これを**協調介入**という。

標的は経常黒字国の日本円とドイツ・マルクで、とくに円だった。なぜならば、日本は1968年に西ドイツを抜き、GDP総額で世界第2位だったからだ。

●【図6-1】為替レートの推移（1980～2016年）

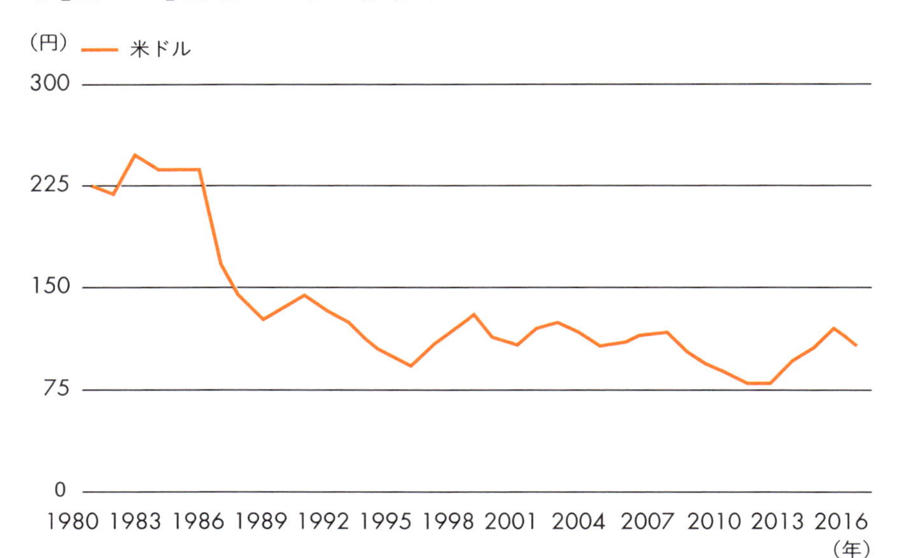

出典：世界経済のネタ帳

もちろん、実際に各国政府が買えるドルの総額には限界がある。しかし「協調介入する」と言った瞬間に世界の為替市場で円高ドル安は始まる。世界中の投資家が当局の介入に乗って、円買いドル売りに走るからだ。

こうして1日で20円の円高となり、「1ドル＝210円」台まで上昇した。1

年後には「1ドル＝150円」、2年後は120円まで上がったのである。

プラザ合意が日本に与えた影響

「円高＝不況の恐怖」を連想する日本では、輸出企業の採算悪化となる。協調介入しているのだから、不況が予測されるとはいえ、日銀は金利を下げられない。下げればドル高になってしまうからだ。

1985年には金利をむしろ上げ、時間が経った1986年から短期金利を引き下げていく。

当時の日銀による短期金利操作は、日銀から銀行への貸出金利である**公定歩合**の上げ下げだったが、これと連動して銀行間の**無担保コール翌日物金利**（銀行間の短期貸出金利、無担保で翌日返済）も動く。229ページの図7-2はこの金利の動きである。

1986年のGDP実質成長率は2.8％と大きく伸び率が鈍化した。それでも円高は続いたが、1986年からの金融緩和策などの結果、翌年には不況から脱出することになる。

それでも円高水準は変わらなかったため、日銀は低金利を維持した。それにより、1987年の実質成長率は4.1％に伸び、1988年には7.1％と相当な勢いで景気が回復した。この低金利は1989年まで続く。

日本の輸出企業は、プラザ合意後、次々に東南アジアへ進出していった。

急激な円高で日本からの輸出では利益が減る。そこで生産拠点を賃金の安い東南アジアへ移していった。その進出先から輸出すれば利益が増えることになる。生産費も下がり、輸出価格も低いからだ。**プラザ合意は日本企業の国際化を促した**のである。

7 日本のバブル経済とその崩壊

資産価格が暴騰し、暴落した10年間

資産価格の高騰がバブル経済の本質

1987年、88年と、物価上昇率は0.1〜0.4%だ。物価はまったく上がっていない。しかも円高だ。日銀の低金利政策が続いたのは物価が上がらなかったためだが、実は資産価格（株・不動産）は急騰していた。あのころ、日銀は「物価は落ち着いている」と何度もコメントしていたことを覚えている。

第2章で述べたように、**金利が下がれば資産価格は上昇**する。これが基本的なメカニズムだ。

金融緩和で増えたマネーは、株や不動産、さらにゴルフ会員権、美術品などの**資産市場**へ流れ込んでいった。

1980年から2016年の長期株価グラフ（228ページ・図7-1）を見ると、1987年から1989年末へ、傾向的な上昇カーブを大幅に上回り、チョモランマの山稜のように急峻な角度で上昇していることがわかる。傾向的な上昇カーブを逸脱した部分が**バブル**である。

図7-2をご覧いただきたい。償還期間10年の長期国債の利回りが長期金利の指標で、無担保コール翌日物の金利（コールレート）が、日銀の誘導する短期金利だ。

この長短金利のグラフによれば、1987年から89年まで低金利だったことがわかる。この間に株価や不動産価格が急騰したのだ。

証券会社は株を売りまくり、銀行は不動産融資に狂奔(きょうほん)した。膨大な量の株や不動産への融資が積み上がっていく。だれも資産価格が下落するなど、想像もしていなかったのである。日経平均株価は1989年12月29日に3万8915円の最高値を付けた。

バブルの崩壊

しかし、1990年に日銀が短期金利を上げ始め、大蔵省が金融機関の不動産融資に規制をかけてバブルつぶしに回ると、バブルは崩壊の道をたどることになる。

1990年から株価は下落し、1991年から不動産価格も下がった。しかし、まだ「そのうち回復するだろう」という見方が多かった。

1992年8月18日に日経平均株価が1万4000円台へ暴落すると、金融機関の**不良債権**が急増することになった。

不良債権とは、回収が困難となった貸付金である。金融機関が企業へ融資する際にとる担保不動産の価格も暴落したわけだから、貸したお金を回収できなくなる。つまり焦げ付く。暴落した株と不動産、これらが不良債権を増やしたのだ。

さらに、資産価格の暴落によって金融機関が保有する資産価値も下がり、バランスシート（貸借対照表のこと。資産と負債、資本のバランスを見る財務諸表のひとつ）が悪化して資本が減少していった。

すると、銀行の経営は行き詰まることになる。銀行の経営が行き詰まると、金融がうまく回らなくなる。銀行の貸出しは減少し、銀行は融資先へ債権の回収（貸しはがし）に走った。

●【図7-1】日経平均株価の推移

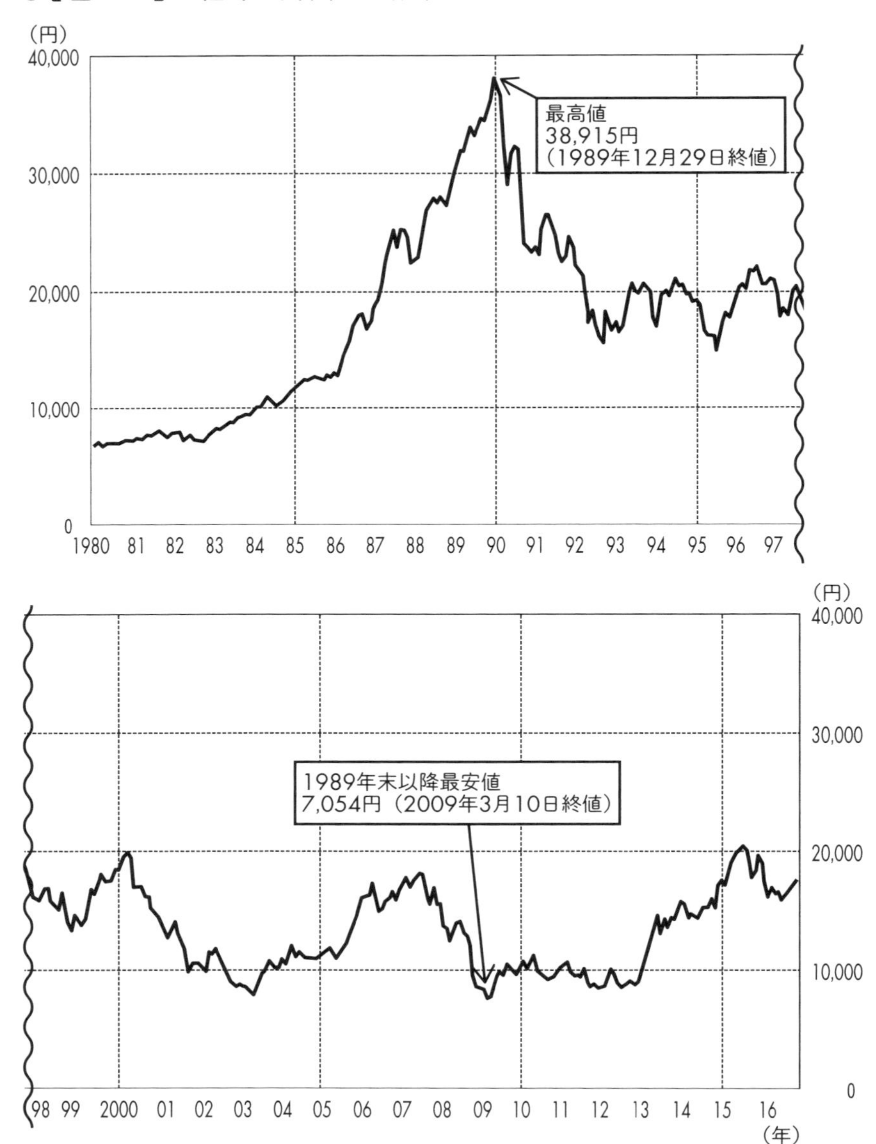

出典:内閣府「月例経済報告」(2016年11月)

●【図7-2】長期・短期金利の推移

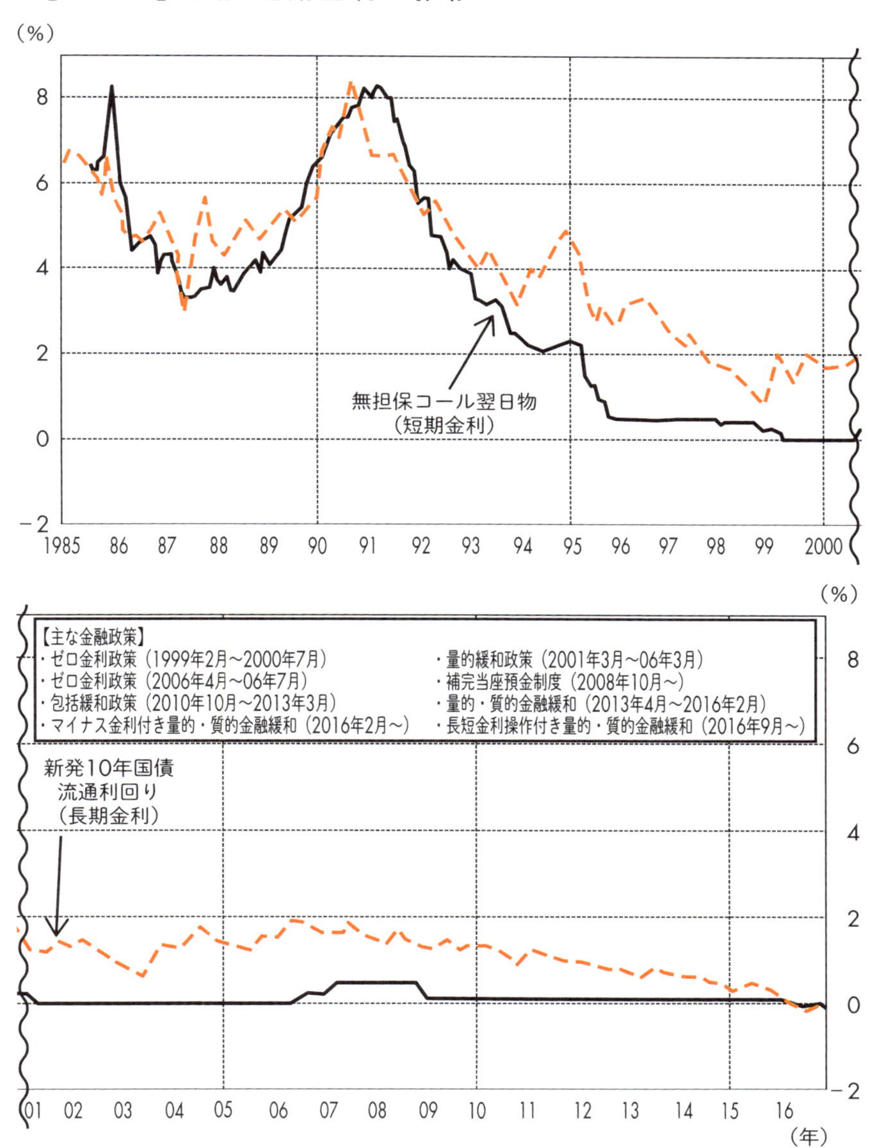

出典:月中平均・内閣府「月例経済報告」(2016年11月)

企業の倒産が増加し、個人消費は減少。景気は後退した。1992年の実質成長率は0.8％、1993年0.2％、1994年0.9％と、日本はほとんどゼロ成長に陥ったのだ。

1995年には名目成長率1.2％に対し、実質成長率が1.9％と、実質のほうが高くなった。

「実質成長率＝名目成長率－物価上昇率」だから、名目のほうが大きいということは、こういう計算になる。

1.9%《実質》＝ 1.2%《名目》－（－0.7%）《物価》

つまり、物価が下落したわけだ。これが**長期デフレの始まり**だった。205ページの年表の成長率を見ればわかるように、1998年、1999年は名目、実質ともにマイナスで、実質のほうがマイナス幅が小さい。大デフレだ。その後、デフレは長期化し、20年以上続いている。

長期化するデフレと日銀の金融政策

政府はこの間、国債の増発によって財政支出し、景気対策を何度もうつが、すでに大きな乗数効果を期待できる時代ではない。**海外にオープンな体制では公共投資の乗数効果は大きく減少する**からだ（これをマンデル＝フレミングの法則という）。

貿易の自由化と資本の自由化が進んでいるので、財政支出を増やすと国債の価格が下がり、長期金利は上がる。海外の資金が日本へ流入し、円高となる。すると輸出が減って輸入が増える。つまり（X－M）が減少してGDPも減ることになるのだ。

財政政策の効果が小さい場合は、金融政策が主役になる。

日銀は1999年2月から2000年7月まで短期金利をゼロにした。銀行はタダで資金を調達できるわけだから、何をやっても儲かる。

こうして銀行を救済していったが、銀行の不良債権は全体で100兆円を超えていたといわれる。何をやっても償却（損金としてバランスシートから消すこと）が追いつかない。不良債権の規模が大きすぎて、バランスシート上の資本が足りないのである。放っておけば資本不足に陥り、債務超過で破綻してしまう。

そこで、政府が銀行へ公的資金を資本注入するとともに銀行の統合を進め、リストラによるコスト削減も進めた。こうして1990年代末まで13もあった大手都市銀行は、3メガバンクに整理されたのである。

そして日銀は2001年3月、それまで否定していた量的緩和政策に乗り出す。貨幣数量説に基づくフィッシャーの貨幣交換方程式の通り、貨幣量を増やして物価を上げる方法だ。これは2006年3月まで続いた。しかし、デフレは収まらない。

2006年4月には、再びゼロ金利に戻すが、物価は上がらない。圧倒的な量的緩和によるインフレ・ターゲット政策を求める経済学者（リフレ派）と、これに否定的な論者との間で論争が続いた。

インフレ・ターゲットとは、たとえば物価上昇率を2％と定め、実現するまで金融緩和を続けるというものだ。当局の不退転の決意を示し、人心を動かそうとする政策である。**リフレ（リフレーション）**は、緩やかなインフレのことで、その達成を目指すことをリフレ策ともいう。

2012年に民主党・野田佳彦（1957〜）首相から自民党・安倍晋三（1954〜）首相へ政権が交代すると、2013年春にリフレ論者の黒田東彦（1944〜）が日銀総裁に就任し、4月にアベノミクスの第1の矢、量的・質的金融緩和（異次元緩和）が導入された。

これはインフレ・ターゲットを**2年で物価上昇率2%**としたものだが、2年後の2015年の目標には届かなかった。

すると、2016年2月に**マイナス金利**を打ち出す（マイナス金利付き量的・質的金融緩和）。

短期金利を－0.1％に誘導するというもので、銀行が日銀に預ける日銀当座預金の金利をマイナスにする方策だ。銀行は日銀に預けると損をするので、お金は市中に回り、貨幣量が増加して物価が上がるという論法だ。

さらに2016年9月には、**長期金利を0%近傍へ誘導**するという政策を発表する（長短金利操作付き量的・質的金融緩和）。

ふつう、中央銀行は長期金利を操作できない。長期金利は、国債市場で需要と供給の法則で決まるものだ。しかし日銀は、長期金利も0％近傍に誘導するとした。

どうするかというと、長期金利が0％を大きく超えないように、日銀が国債を買い続けるということだ。銀行から国債を買い取るわけだが、銀行はたとえマイナス金利で国債を購入したとしても、日銀がプラス金利で買い取ってくれればいずれ利益が出る。

つまり利益が出るならば、銀行は国債を買うわけだから、長期金利はそれほど上昇しないだろう、という仕組みである。

このように、長期デフレをなかなか退治できないため、新しい金融政策が次々に投入されている。さながら、経済学（貨幣数量説）の実験場だ。

8

東西冷戦の終結とグローバル資本主義の時代

地球全体が市場経済に覆われた

70年代の社会主義国台頭

1970年代のスタグフレーション、つまりインフレと不況の同時存在は、経済学の危機であり、資本主義の危機だった。

この間、社会主義国は経済成長を続けていたといわれる。私有財産を認めず、生産手段はすべて国有、経済成長は政府の計画によって達成されるのが**社会主義経済体制**だ。

政府が成長率を決め、それに合わせて生産しているわけだから、実際の付加価値がどう増えているのか、実態はよくわからなかった。社会主義国であるソ連はアメリカと同じペースで宇宙開発を進めていたので、技術力が高いことは知られていたが、生産性の程度はわからない。

第2次大戦後、社会主義国が増えた。ソ連をはじめ、東ヨーロッパ諸国（東ドイツ、ポーランド、チェコ、ハンガリー、ルーマニア、ユーゴスラビア）、アジアでは中国、インド、ベトナム、ラオス、北朝鮮など、そしてキューバだ。

社会主義体制では、政府はあくまでも正しいと、無謬性（むびゅうせい）を国民に押しつける。批判は許されない。議会制民主主義はなく、民意はまったく反映されない。市場は存在しないのだから、情報の対称性など論外だ。

90年代に起きた社会主義国の資本主義化

1980年代に入ると、とくに東欧諸国で自由を求める市民が力を持ち、徐々に政府の妥協を引き出していった。

一部の階層は衛星放送のテレビを受信し、パソコン通信によって情報を得ていた。1970年代以前のような情報を遮断して市民をごまかすことは無理になっていた。

プラザ合意の1985年、**ミハイル・ゴルバチョフ**（1931～）がソ連共産党書記長に就任すると、**ペレストロイカ（改革）**と**グラスノスチ（情報公開）**を進める。ゴルバチョフは1980年代に東欧で広がりつつあった民主化運動を支持した。その瞬間、ヨーロッパの社会主義国は体制崩壊に向かう。各国で次々に選挙が行なわれた。

そして1989年11月10日、東西対立（資本主義の西側諸国と社会主義の東側の軍事対立）の象徴だった**ベルリンの壁が開放**された。その後、東西を分断していた壁も市民によって物理的に破壊された。

ベルリンの壁崩壊を喜び、壁に登る東西ベルリン市民（1989年）

社会主義経済体制では効率化が進まず、生産性は低下していた。生産性どころか供給力そのものが減退していたのである。政府債務も増加し、物資は不足して国民生活は窮乏してしまった。

東欧で社会主義国が体制崩壊すれば、資本主義市場経済しか選択肢はない。全面的に資本主義への移行が始まった。資本主義市場経済の領域が1990年代に拡大したのである。

巨大な社会主義国、中国でも民主化運動が起きていた。ゴルバチョフのような存在だった中国共産党総書記、**胡耀邦**（1915～89）がグラスノスチに似た**第二次百花斉放、百花争鳴運動**を起こし、自由化を推進したのである。しかし、胡耀邦は共産党保守派から追われてしまう。

1989年4月に胡耀邦は急病死し、追悼集会が各地で開かれた。これを契機に国内は混乱する。5月にはゴルバチョフが訪中し、火に油を注ぐことになった。

そして6月4日、北京に民主化を求める大群衆が集まった。共産党は軍を投入し、武力鎮圧に踏み切る。これを**天安門事件**という。

当時、中国で最大の実力者だった**鄧小平**（1904～97）は、民主派の弾圧後に資本主義の導入を本格化することになる。**政治体制は社会主義、つまり議会制民主主義は認めずに共産党独裁、経済体制は市場経済システムを段階的に導入**する。これが中国の社会主義市場経済である。

ヨーロッパの社会主義国は議会制民主主義と資本主義へ移行、中国は社会主義のまま部分的に資本主義を導入することになった。中国型の社会主義市場経済は、その後、ベトナムとラオスでも取り入れられている。

こうして、資本主義市場経済の領域はほぼ地球全域に拡大したわけだ。これを**グローバル資本主義（グローバリゼーション）**という。規制緩和は各国で進み、金融の自由化が広がった。お金は地球上を自由に動き、同時に複雑な金融商品も広がっていった。これについては後ほどくわしく説明する。

民主化を求めるデモ隊によって炎上した軍の車両（1989年）

9

日本の金融危機とインターネットの普及

弱体化した日本の銀行とエレクトロニクス産業

日本に訪れた金融危機

1996年11月に日本版の金融ビッグバン構想が発表され、金融自由化が本格的に動き出す。

1997年に入ると金融機関の不良債権問題が噴出し、危ない銀行、証券、保険会社に関する情報が大量に流れ、それらの金融機関は資金の調達が困難になっていった。信用力が落ち、調達金利にリスクプレミアムが乗るからだ。

そして1997年11月3日に準大手の**三洋証券**、17日に都市銀行の**北海道拓殖銀行**、24日に4大証券の**山一證券**が続けて破綻した。

1998年には10月23日に政府系の**日本長期信用銀行**、12月13日に**日本債券信用銀行**が経営破綻し、一時国有化された。一時国有化とは、公費で資本を注入し、債務を整理したあとで株を売却するという仕組みである。日本の金融危機はクライマックスを迎えた。

揺らぐ日本、躍進するアメリカ

日本が金融危機に動揺していた同じ時期に、アメリカは**金融**、**IT**、**バイオ**という新しいビジネスを生み出していた。つまり、イノベーションが続々と登場していたのである。

アメリカでは、1993年に民主党のビル・クリントン（1946〜）が大統領に就任すると、石油化学や自動車などの製造業から、金融、IT、バイオを重視する政策を導入した。
具体的には金融の自由化、情報ハイウェイ構想の発表などだ。

情報ハイウェイ構想は、全米のコンピュータを光回線でネットワークするというものだった。
政府が主導した計画だが、1993年にベンチャーのネットスケープがインターネットブラウザを開発し、ウェブ閲覧の技術が普及を始める。民間のベンチャーが情報ハイウェイを自律的につくってしまったわけだ。アメリカのIT企業が躍進を始めるきっかけとなった。
ネットスケープの開発者、マーク・アンドリーセン（1971〜）は、1995年に株を公開し、巨万の富を得ている。ネット企業で成功した最初の例だ。
1995年にはマイクロソフトがOSのWindows95を発売し、ウェブ閲覧ソフトを搭載したため、急速にインターネットの利用が拡大した。

IT産業は主にアメリカの西海岸とシリコンバレーに集積し、次から次へとベンチャーが登場していた。
1998年にスタンフォード大学の大学院生、ラリー・ペイジ（1973〜）とセルゲイ・ブリン（1973〜）が設立したグーグルは、検索エンジンなどで世界最大の企業だが、新しいネットビジネスのモデルを次々に送り出している。
アップルは2001年にiPodを発売し、ネットによる音楽配信を定着させた。アマゾンは2007年に電子書籍の配信を始めている。
フェイスブックは2004年にハーバード大学の学生、マーク・ザッカーバーグ（1984〜）がつくり出したSNSだ。市場シェア1位である。数々のネットビジネスのプラットフォームの大半は彼らが創出したものである。

日本のエレクトロニクス産業は1980年代まで世界市場を制覇してきたが、1990年代以降はネットの波に乗り遅れ、アメリカのベンチャーにそれまでのビジネスモデルを覆されてしまった。

トヨタをはじめ、自動車産業はグローバル企業として健在だが、今後はITと結合して急速に自動運転車へ向かう。結合してイノベーションを起こすべき日本のIT産業、AI（人工知能）産業の成長に期待しよう。

日本の金融業界は「周回遅れのランナー」に

アメリカの金融業界は、ITを駆使して複雑な金融商品を生み出していた。これを**デリバティブ（金融派生商品）**という。先物などデリバティブは18世紀から存在するが、90年代に増大した。

かんたんに言うと、金利の低い（コストの安い）金融商品を調達し、高く売って利益を抜く（裁定取引という）。たいしたビジネスモデルではないが、これを世界規模で分散して行なう。しかも、多種多様な金融商品を調達し、複雑な組み合わせで新しい商品に仕立てる。

資産価格のモデルで述べたが、リスクプレミアムと期待成長率をどう計算するかで予想利益はまったく変わってしまう。この計算の予測が大きく外れれば顧客は離れるので、数学を駆使できる高度な人材を高額の報酬で雇うようになった。

これらの計算は、金融工学と呼ばれる新しい学問の発達が背景にあるが、アメリカでは数学の得意な理系の学生が金融工学を学び、ウォール街へ就職している。日本ではそのような例は少ない。

日本の金融機関が債権の回収と不良債権の処理にドタバタしていたころ、アメリカやイギリスでは金融工学が高度に発達していたのだ。彼我（ひが）の差は大きい。日本の金融業は周回遅れのランナーになってしまった。

なお、日本の不良債権問題は、りそな銀行が公的資金を完済して終了した。完済したのは2015年である。

不良債権の処理には100兆円前後の膨大な公費が投じられた。もちろん返済されているが、この間、20年近くも国民が得られたであろう金利収入を犠牲にし、超低金利で銀行を救ってきたのである。国民の所得が銀行へ移転してしまったのだ。この超低金利の出口はまだまったく見えない。

10

リーマン・ショックと仮想通貨の登場

金融を変えるブロックチェーン

不動産バブルを呼んだサブプライム・ローンの登場

アメリカの投資銀行は1980年代に成長し、1990年代の金融工学の発達で膨大な富を得た。

ところが、なんでもありの金融派生商品（デリバティブ）が増えていく。めちゃくちゃな商品は必ず破綻する。

その代表的な商品のひとつが、アメリカで低所得層向けの住宅ローンとして発売されたサブプライム・ローンの債権（貸し手の請求権）を商品化したものだ。

サブプライム・ローンとは、返済期間初期の金利をおさえ、ある期間が過ぎると高金利の支払いが始まるという仕組みの住宅ローンである。低所得層向けだから金利は高めだ。この部分の返済を先送りするわけだ。

サブプライム・ローンは大いに売れた。アメリカの不動産価格も上昇していた。営業マンの売り文句は、「金利が上がる時期に住宅を売ればいい。どうせ価格は上がっているので、売却して返済し、次の物件を買えばいい」というものだ。

サブプライム・ローンの残高は1兆6000億ドル（約187兆円）まで増えたという。

サブプライム・ローンは人気となり、需要が増えて不動産価格は上昇したが、それは経済成長率を超えて膨らんでいった。だれの目にもバブルは明らかだったが、人間はバブルの中にいると気がつかないものだ。1980年代後半の日本と同じだ（そのころ日本にもサブプライム・ローンに似たステップ償還というローンがあった）。

こうしてアメリカの不動産価格は2001年から2006年に上昇していたが、2007年に下落を始める。

しかし、「まだ大丈夫」と思ってしまうのが人間だ。これもバブル崩壊時の日本で見られた現象だ。

不動産バブルの崩壊とリーマン・ショック

不動産価格の下落が始まると、返済できない借り主が増えていく。売却して処理しようにも、ローンの残債がある。資金を回収できなくなった住宅ローン会社が次々に破綻していった。

そして2007年、ドイツの小さな州立銀行が破綻したというニュースが報じられた。理由は不良債権によるものだったが、なんとアメリカのサブプライム・ローンの債権が分割・証券化され、ほかの証券と合わせた複雑な債券として高利回りで流通していたのだ。ドイツの小銀行はこれを大量に購入していたのだった。

借り主が不動産価格の下落でローンを払えなくなると、債券の利回りの収益が途絶え、銀行が保有する債券の価値は暴落する。会計上債務超過になったというわけだ。

サブプライム・ローンの債権は分割して売却され、それらを格付の高いほかの債権と合わせて商品に仕立てられていたのである。この膨大なサブプライム・ローン債権は、利子を支払う債務者がいて成立するわけだから、債務の返済が滞るとすべて崩壊する。そして、次々にほかの資産市場の暴落に波及していった。

そして2008年9月15日、大手投資銀行の**リーマン・ブラザーズ**が破綻する。負債総額は6000億ドル（約70兆円）で、史上最大の破綻だった。アメリカの大手金融機関の多くが危機に陥った。

投資銀行はすべて消滅し、資産は分散されて銀行や証券会社に売却された。なんでもありの自由放任主義の崩壊である。これを**リーマン・ショック**という。

アメリカ政府は7000億ドルの公的資金を用意した。共和党政府が乗り出さざるをえなくなったのである。

こうして新自由主義の政治経済思想が壁にぶつかり、再び政府が救出に乗り出すリベラル（ケインズ主義）の経済学が復活することになった。

リーマン・ショック後の日本経済の低迷

リーマン・ショックは世界に波及し、一気に世界の景気が後退することになった。一種の金融恐慌である。

日本の金融機関は、幸か不幸か複雑怪奇な金融商品を開発することができず、購入も少なかったので、直接の影響はあまりなかった。

しかし、世界景気の後退の影響が大きく、金融面よりGDPの縮小が進むことになった。日経平均株価も2009年3月10日に7054円まで下落している。

205ページのGDP成長率の年表をご覧いただこう。2008年は名目▲2.3%、実質▲1.0%、2009年は名目▲6.0%、実質▲5.5%と、激しいデフレである。アメリカやヨーロッパ諸国より落ち込みは激しかった。

2010年には日本航空が破綻したが、この年は名目2.4%、実質4.7%

とプラス成長だ。しかし実質のほうが大きく、デフレが続いている。

そして2011年に東日本大震災が発生し、名目▲2.5%、実質▲0.6%と、デフレ下のマイナス成長に戻る。

2013年のアベノミクスによって名目、実質ともに2.6%と、物価上昇率（下落率）はゼロとなった。2014年は消費税の増税により、再び実質でマイナス成長となる。2015年は前年の反動でプラスとなった。

仮想通貨ビットコインの誕生

世界がリーマン・ショックに震撼し、大不況に陥った2009年、**ビットコイン**が登場する。

ビットコインとは**仮想通貨**であり、各国の中央銀行が発行する通貨ではない。つまり、電子データそのもので、それ自体に価値はない。

しかし、相手と合意していれば仮想通貨で取引が可能だ。ビットコインが代表的な仮想通貨で、各国通貨との取引所もネット上にある。価値をネットで瞬時に送れるのだから利便性は高い。しかも、だれも管理していないからコストはまったくかからない。

金融の大きな役割は**決済**だ。ところが、決済のためには信頼できるシステムが必要で、巨額の費用がかかる。

海外へ送金した経験があればわかるだろうが、送金手数料は100万円までで3500～4500円はかかる。受取手数料を加えればその倍だ。1万円の送金に7000円以上の手数料をとられるのである。システムの運用費用、本人確認のための認証、相手銀行口座の確認などでコストがかかるからだという。それにしても高い。

クレジットカード払いの場合、一括払いならば手数料はないと思われがちだが、カード加盟店が手数料を支払っているので、そのコストは商品・

サービスの料金に含まれている。同じことだ。

これは、通貨が国家独占で、取り扱う銀行業界に新規参入者が少なく、競争がないためだ。競争がなければサービスのイノベーションは起きない。

こうした不満は、仮想通貨の登場によって解消される。100万円以下の小口でこのありさまだから、ビジネス上の決済では膨大なコストが削減されるはずだ。

ビットコインを支える「ブロックチェーン」

2016年12月のビットコイン時価総額は140億ドルだそうだ。2年で3倍に増えている。

ビットコインの信頼性はどのように守られているかといえば、**だれも管理していないから信頼できる**のだという。

仮想通貨ビットコインを支えるのは**ブロックチェーン**という仕組みだ。ブロックチェーンには、取引すべての記録が収まっている。個々の利用者は第三者を介さずに直接取り引きする。つまり第三者である金融機関のような存在はない。

データはどこかのサーバが集中管理しているのではなく、すべて公開されている。参加する多数のコンピュータが形成するネットワークが並列的に演算し、管理していることになる。これをP2P（ピア・ツー・ピア＝複数のコンピュータが対等に通信する仕組み）[注4]という。

インターネットに似ているが、インターネットによって情報を自由に送り、受け取ることができるようになったものの、セキュリティには膨大なコストがかかっている。いくら防御にお金をかけてもネット企業にセンターがある以上、センターがハッキングされれば情報の流出事件が起きるからだ。だれしも不安を感じながら利用しているわけだ。

しかし、ブロックチェーンでは、1つのシステムがダウンして崩壊することはありえない。センターは存在せず、並列に分散されているからだ。P2Pは自生的で自律的なものだ。まるで生物である。1970年代に通貨発行の自由化を主張した経済学者F.A.ハイエク（1899〜1992）が主張した通りの事態が現れている。注5

ブロックチェーンのブロックとは、約10分間で行なわれた世界中の取引の全記録のことで、ブロックは時間を追って追加されていくのでブロックチェーンという。

すべての取引記録の累積だから、侵入してデータを書き換えることは物理的に不可能だし、公開されているのですぐにバレてしまう。センターの管理システムはないので、侵入するにも、そもそもその対象はない。

ビットコインを受信すると、その記録がブロックチェーンの末尾に記載されたかどうか確認する。これは暗号で、この暗号を演算して解読し、確認できればビットコインの所有者となり、送金もできるようになる。

ブロックチェーンは完璧な認証の仕組みなので、たとえば金融機関を介さずにスタートアップ企業設立の資金をビットコインで集めることができる。小さなベンチャーが増加する可能性を増やすことができるのだ。

また、ビットコインを円やドルなどの通貨へ両替する際は交換レートが生まれ、手数料もかかるし、レートも変動する。投資家が目をつけるのはここで、価格差があるので投資の対象にもなる。

さらに、ビットコインは寄付にも便利だ。最近は寄付をビットコインで受け付ける機関・組織をしばしば目にするようになった。「bitcoin donation」で検索するとたくさん出てくる。

このようにして金融機関のビジネスは根底から変革される可能性がある。顧客の立場で新しいビジネスを考えないと、金融機関抜きで決済が進むことになるからだ。ブロックチェーンが金融のイノベーションを促すことになる。

おわりに

本書は2016年の夏から年末にかけて、10回ほどの社内勉強会を経てまとめたものだ。「限定合理性」「イノベーション」「仮想通貨」に関する知見は、「ダイヤモンド・オンライン」へ2013年から15年にかけて書いた原稿を少し使用しているが、全体の99%以上は書き下ろしである。

経済学では数学が重要なツールだが、本書ではその1%も使用していない。まったく経済学に縁のなかった人でも、それほど抵抗なく読めるはずだ。

私も大学生のころは数学も理論経済学もリアリティがまったくなく、ひたすら法則や公式を丸暗記してやりすごしていた。ところが社会に出たとたん、経済学はリアリティを持ち始める。数学の役割も実感としてつかめた。社会人としての経験は何よりの参考書である。しかも、21世紀日本の金融政策や財政政策は、さながら経済学の実験場で、本で学んだ知識が眼前で展開されている。

本書の内容を身につければ、あなたも実生活や仕事で経済学の重要性を実感でき、その知識を生かせるはずである。

最後に、「参考文献」に記した書籍の執筆者のみなさまには、直接教えていただいた方も多く、感謝の気持ちでいっぱいです。また、原稿の段階で有益なコメントを寄せてくれた畏友、竹本能文氏と稲庭暢氏にも感謝申し上げます。

2017年1月

坪井 賢一

一目でわかる! これだけエッセンス

1 経済の3つの主体と市場メカニズム → 10ページ

- 市場とは、人々が集まり、財・サービスを交換する場。人々が自由に市場で売買できる経済システムを市場経済システムという
- 市場で価格と量が決定されることを市場メカニズム、市場で決まる価格を市場価格という

2 労働価値説と効用価値説 → 14ページ

- 価格は労働量によって決まるとするのが労働価値説
- 価格は人々の効用によって決まるとするのが効用価値説。効用は英語のutilityで、満足度、欲望の強さ、幸福度といった意味

3 需要と供給の法則 → 18ページ

- 供給側と需要側が一致する価格を市場価格という。市場価格は変動する
- 市場価格は需要と供給の法則によって決まる

4 完全競争市場 → 27ページ

- 人間の自由で合理的な行動を前提とし、需要と供給の法則が完全に機能している美しい市場のことを完全競争市場という。現実にはあまり存在しないが、ネット通販やネット・オークションで観察できる
- 完全競争市場の条件は、①多数の市場参加者が存在、②財・サービスの質が同等、③需要側も供給側も同じ情報を持っている、④市場への参入・撤退が自由

5 独占・寡占市場と情報の非対称性 → 31ページ

- 市場メカニズムが働かない独占市場や寡占市場を、不完全競争市場という
- 公正取引委員会は、公正で透明な市場システムを維持し、独占を排して競争を促進するために独占禁止法を運用し、違反行為を取り締まっている
- 供給側と需要側で同じ情報を持たないことを情報の非対称性という
- 独占市場では市場メカニズムが働かず、経済の効率性が阻害される
- 寡占市場では、談合などの不正がおきやすい

6 囚人のジレンマとナッシュ均衡 → 36ページ

- 市場は最適な解を導かないことがあり、それは囚人のジレンマのモデルを使って分析できる
- それ以外に選択肢がなくなった状態をナッシュ均衡という

7 需要の価格弾力性 → 43ページ

- 安くすると売上が減るのか、買う人が増えて売上は増えるのかを判断する基準に需要の価格弾力性がある
- 需要の価格弾力性は、需要量増加率÷価格引下げ率で計算できる

8 限界効用逓減の法則 → 47ページ

- 追加1単位当たりの効用がだんだん減っていくことを限界効用逓減の法則という

9 収穫逓減の法則 → 54ページ

- 総生産量（総収益）が増えても生産要素追加1単位当たり生産量（収益）の増加分が減っていくことを収穫逓減の法則、あるいは限界生産力逓減の法則という

10 収穫逓増の法則 → 62ページ

- 追加生産要素1単位当たりの収益が逓増することを収穫逓増の法則という。インターネットの普及により収穫逓増のビジネスが増えている

11 インセンティブ契約理論 → 70ページ

- インセンティブとは「誘因」や「刺激」のこと。人間社会はインセンティブの連鎖で動くとする考え方を元にした経済理論をインセンティブ理論、またはインセンティブ契約理論という
- インセンティブ理論では、情報の非対称性を前提として利害関係者を委託人と代理人に分ける。企業でいえば、株主が委託人、経営者が代理人となる
- 企業経営でよく使われるインセンティブ報酬制度にストックオプションがある。ストックオプションとは、あらかじめ決められた株価で自社株を買える権利。その株価より上がれば利益となる

12 サンクコスト（埋没費用） → 76ページ

- すでに使ってしまって取り返しようがない費用のことをサンクコストという。サンクコストは忘れるものである
- サンクコストにとらわれて身動きが取れない状況をサンクコス

トの呪いという。企業経営でも頻繁に起きる

- サンクコストを捨てるかどうかの判断は、一律ではない。時と場合によって考慮すべきポイントは変わる

13 比較優位の原理 → 81ページ

- 労働生産性（産出量÷労働投入量）によって得意分野を見極めることを比較優位という
- 比較優位の思考法は、ある行動を選択すると失われる、他の選択可能な行動のうちの最大利益を忘れずに考えること

14 合理性と限定合理性 → 86ページ

- 経済学では、人間は合理的に行動することを前提にしている
- しかし、時に人間は合理的ではない行動をすることがある。つまり、人間は完全合理的な存在ではなく限定合理的な存在である

15 比較制度分析 → 94ページ

- 経済システムの違いを比較する経済学が比較制度分析
- 比較制度分析では、第1に制度の補完性に注目する
- 比較制度分析のポイントは、①資本主義経済システムの多様性、②制度の持つ戦略的補完性、③経済システム内部の制度的補完性、④経済システム進化の経路依存性

16 ライフサイクル仮説と恒常所得仮説 → 104ページ

- 所得に占める消費の割合が平均消費性向、所得に占める貯蓄の割合が平均貯蓄性向

- 平均消費性向と平均貯蓄性向の和は1となり、どちらかが増えればどちらかが減る関係にある
- 消費と所得の関係を、個人の人生を通して予測し、モデル化した考え方がライフサイクル仮説

17 名目と実質 → 110ページ

- 経済成長率、金利、賃金上昇率などの数値には名目と実質がある。名目とは現れた数値そのまま、見かけ上の数値のこと。実質とは、名目から物価上昇分を差し引いた数値のこと
- 「実質=名目−物価上昇分」、あるいは「名目=実質+物価上昇分」という式が成り立つ
- 実質金利をr、名目金利をi、物価上昇率をπとすると、「r（実質金利）=i（名目金利）−π（物価上昇率）」となる。これをフィッシャー方程式という
- 名目賃金から物価上昇分を引いた価値を実質賃金という。「実質賃金上昇率=名目賃金上昇率−物価上昇率」となり、物価が上がれば上がるほど、実質賃金は減少する。反対に、物価が下がれば実質賃金は上がることになる

18 資産価格の理論 → 117ページ

- 資産価格とは、購入後に消えてなくならない財産の価格
- 理論的な資産価格は、収益を金利で割った数字になる
- どれだけ価格を上乗せすれば、買い手が資産に対するリスクを許容できるかをリスクプレミアムという
- 将来の物価上昇率を期待インフレ率、もしくは期待成長率という

19 規制緩和 → 124ページ

- 規制緩和には、大きなビジネスチャンスが潜んでいる
- リーマン・ショックのように、自由化が経済危機を招くこともある

20 イノベーション → 128ページ

- イノベーションとは、技術革新のことだけではない。多様な視点でビジネスを考えよう
- イノベーションを考えるときに参考になるのは、シュンペーターの5つのイノベーション、OECDのオスロ・マニュアル、ゴビンダラジャンの5つの需要ギャップ

21 経済用語の基礎知識 → 136ページ

- 景気を調整するために、国の歳入（収入）と歳出（支出）をコントロールする政策を財政政策という
- 景気調整と物価安定を目的として、日本銀行が行なう経済政策を金融政策という
- 国内で一定期間に生み出された付加価値の合計がGDP（国内総生産）。景気はGDPの増減で判断される
- 物価は、一般的には消費者物価を指す。物価が継続して上昇することをインフレ、下落することをデフレという
- 通貨間の交換比率が為替レート
- 日経平均株価は、東証第一部への上場企業225社の平均価格。東証株価指数（TOPIX）は、東証一部上場全銘柄の浮動株を対象として、1968年1月4日を基準日として算出した指数
- 国債とは、国の借金の証文。政府は国債を発行し、現金を獲得して歳入の赤字を埋め、歳出に回す

22 GDPと経済成長率 → 142ページ

→ 142ページ

- GDPの計算式は、Y=C+I+G+(X−M)となる。Yは国民所得（GDPと同じ）、Cは民間消費（消費）、Iは民間投資（投資）、Gは政府支出（政府の消費と投資）、Xは輸出、Mは輸入のこと。つまり、GDP=消費+投資+政府支出+(輸出−輸入)である
- GDPは四半期に一度、内閣府から発表される。GDPが前の期（四半期）に比べて何%増減したかが経済成長率だ。四半期の成長率を1年に換算して年率を出す。経済成長率には、合算した数字そのままの名目成長率と、物価上昇率を引いた実質成長率がある
- GDPは集計から公表までに2か月かかる。これとは別に内閣府は毎月、景気動向指数を発表している

23 付加価値と三面等価の原則 → 149ページ

→ 149ページ

- 付加価値は、売上−原材料費(仕入価格)で計算される
- 付加価値は、最終生産物の販売価格と同じ。つまり、中間生産物価格は、最終生産物価格にすべて含まれる
- 付加価値に占める人件費の割合が労働分配率。付加価値から人件費(賃金)が支払われる
- 経済を生産、所得、支出の3方向から見た場合、いずれから見ても同じ数字になる。これを三面等価の原則という

24 GDP国際比較 → 154ページ

→ 154ページ

- 世界の名目GDPランキング(IMF)によると、日本は総額で3位
- 1人当たり名目GDPランキングで日本は26位
- 日本でも所得格差が広がっている

- 1人当たりGDPで上位の国に、産油国とタックス・ヘイブン（租税回避地）が上がってきている

25 資本の限界効率と乗数理論 → 162ページ

- 投資は予想利益率を想定して行なわれる
- 「利子率>投資の予想利益率」の場合、投資は増えない。「利子率<投資の予想利益率」の場合、投資は利子率と同率になるまで行なわれる。これを資本の限界効率という

26 国際収支の仕組み → 167ページ

- 経常収支とは、貿易・サービス収支と第一次・第二次所得収支を合わせた収支のこと
- 貿易収支は財の貿易差額
- サービス収支は、サービス取引の収支。旅行収支、知的財産権等使用料収支などが含まれる
- 第一次所得収支は、海外への投資によって得られる収益
- 第二次所得収支は、海外への援助などで基本的に赤字

27 財政政策と国の借金 → 175ページ

- 政府は国債を発行して借金し、政府支出を増やし景気対策を行なう
- 日本の国債発行残高、つまり借金の総額は1050兆円。そのGDP比では日本が世界一。債務危機に陥らないのは対外純資産などがあり、債務超過ではないからだといわれている

28 金融政策と貨幣数量説 → 180ページ

- 日銀が供給するお金をマネタリーベースという。マネタリーベースは日銀券発行高、貨幣流通高、日銀当座預金の合計
- 日銀が貨幣量を大幅に増やす政策を量的・質的緩和、あるいは異次元緩和という
- 日銀が、日銀当座預金の預金準備率以上の超過預金に対してマイナスの金利を付ける政策をマイナス金利政策という

29 潜在成長率と格差社会 → 186ページ

- 潜在成長率とは、潜在GDPの伸び率。潜在GDPは、現状の資本と労働力で生み出せる財・サービスの量である。つまり、潜在GDPは供給力を表わしている
- 日本の潜在成長率は0.2%台。低下の原因のひとつとして労働人口の減少がある
- 労働力を確保するためには、女性、高齢者の労働環境整備が重要
- 潜在成長率を上げるためには「働き方改革」「非正規雇用の縮小」「少子化対策」「子どもの貧困率低減対策」が望まれる

30 金融市場のメカニズム → 193ページ

- お金は株・為替・債券の間を回っている
- 金融緩和下の原理は、円安・株高・債券安
- 日本にリスク発生→円安・株安・債券高
- 海外でリスク発生→円高・株安・債券高
- 原理は少しのきっかけで反対に動くことがある

参考文献

第1章

1. **アダム・スミス『国富論』**全3巻、大河内一男監訳、中公文庫、1978年
2. **西村和雄『経済学思考が身につく100の法則』**ダイヤモンド社、2003年
3. **J.E.スティグリッツ『ミクロ経済学』**藪下史郎ほか訳、東洋経済新報社、1995年……いちばんわかりやすいミクロ経済学の教科書。邦訳の最新版は2013年の第4版
4. **『週刊ダイヤモンド』2001年5月21日号**……M.ホイットマンへのインタビュー
5. **鈴木一功ほか『MBAゲーム理論』**ダイヤモンド社、1999年、**W.パウンドストーン『囚人のジレンマ』**松浦俊輔ほか訳、青土社、1995年……ゲーム理論について参照した文献
6. **S.ナサー『ビューティフル・マインド』**塩川優訳、新潮社、2002年、**H.W.クーン、S.ナサー『ナッシュは何を見たか』**落合卓四郎、松島斉訳、シュプリンガー・フェアラーク東京、2005年……ジョン・ナッシュについて参照した文献
7. **W.S.ジェヴォンズ『経済学の理論』**小泉信三ほか訳、日本経済評論社、1981年、**L.ワルラス『社会的富の数学的理論』**柏崎利之輔訳、日本経済評論社、1984年、**C.メンガー『一般理論経済学1』**八木紀一郎ほか訳、みすず書房、1982年
8. **「週刊ダイヤモンド」1996年6月15日号**……A.グローブへのインタビュー
9. **インテルのホームページ**……チック・タック・モデルについて
http://www.intel.com/content/www/us/en/silicon-innovations/intel-tick-tock-model-general.html
10. **ビル・ゲイツ『ビル・ゲイツ未来を語る』**西和彦訳、アスキー、1995年

第2章

1. **O.ハート『企業 契約 金融構造』**鳥居昭夫訳、慶應義塾大学出版会、2010年……O.ハートとB.ホルムストロームはインセンティブ理論で2016年のノーベル経済学賞を受賞している。第2章のこの項目は、2人の著書を参照した。また、**伊藤秀史、小佐野広『インセンティブ設計の経済学』**(勁草書房、2003年)も参考にした
2. **飯田泰之『思考をみがく経済学』**NHK出版、2014年……人間は損か得か判断して動く、経済の原理をこのようにまとめて提示してくれた
3. **J.E.スティグリッツ『ミクロ経済学』**前掲書
4. **D.リカードウ『経済学および課税の原理』**上下、羽鳥卓也、吉沢芳樹訳、岩波文庫、1987年
5. **H.A.サイモン『【新版】経営行動——経営組織における意思決定過程の研究』**二村敏子ほか訳、ダイヤモンド社、2009年……本文中に引用した箇所はすべて本書による
6. **『週刊ダイヤモンド』2016年11月12日号**……東芝不正会計事件の経過は本誌特集「東芝再生の難題」による
7. **青木昌彦、奥野正寛編『経済システムの比較制度分析』**東京大学出版会、1996年……本書が出版された1996年、青木・奥野両教授に取材した。当時の記録は、**田中三彦、坪井賢一『複雑系の選択』**(ダイヤモンド社、1997年)にまとめている
8. **青木昌彦『青木昌彦の経済学入門』**ちくま新書、2014年
9. **『平成3年度年次経済報告』**経済企画庁、1991年……資産価格の理論については、バブル崩壊が始まった1991年に出版された本書を参考にした

10.J.A.シュムペーター『経済発展の理論』塩野谷祐一、中山伊知郎、東畑精一訳、岩波文庫、1977年
11.J.A.シュムペーター『資本主義・社会主義・民主主義』中山伊知郎、東畑精一訳、東洋経済新報社、1995年
12.J.A.シュンペーター『企業家とは何か』清成忠男編訳、東洋経済新報社、1998年
13."Oslo Manual" 3rd edition、OECD Publishing、2005年
14.V.ゴビンダラジャン『リバース・イノベーション』渡部典子訳、ダイヤモンド社、2012年
15.C.M.クリステンセン『イノベーションのジレンマ』増補改訂版、伊豆原弓訳、翔泳社、2001年……クリステンセンの最初の論文は、『C.クリステンセン経営論』(ハーバード・ビジネス・レビュー編集部編訳、ダイヤモンド社、2013年)に収録されている

第 3 章

1. 第3章で使用した統計データは以下の公的機関ホームページから得た
   - 内閣府(統計)http://www.esri.cao.go.jp/index.html
   - IMF(統計)https://www.imf.org/en/Data
   - 世界銀行(統計)http://data.worldbank.org/data-catalog/GDP-ranking-table
   - 財務省(国際政策)https://www.mof.go.jp/international_policy/reference/index.html
   - 国土交通省(白書)http://www.mlit.go.jp/statistics/file000004.html
2. 志賀櫻『タックス・ヘイブン』岩波新書、2013年
3. J.M.ケインズ『雇用、利子および貨幣の一般理論』上下、間宮陽介訳、岩波文庫、2008年
4. J.E.スティグリッツ『ミクロ経済学』前掲書
5. 石井久子「日本における所得格差の拡大と社会的な影響」「高崎経済大学論集第56巻第4号所収」2014年

第 4 章

1. 坪井賢一『これならわかるよ!経済思想史』ダイヤモンド社、2015年
2. 経済システムは、生命史、地球史、進化史、免疫系と同じように、ある衝撃でかき乱された秩序がやがて均衡点に収束し、またかき乱される、という繰り返しである。以下の文献がそのようなシステムの変動について教えてくれる
   - 丸山茂徳、磯﨑行雄『生命と地球の歴史』岩波新書、1998年
   - S.J.グールド『ワンダフル・ライフ』渡辺政隆訳、ハヤカワ文庫、2000年
   - 多田富雄『免疫・「自己」と「非自己」の科学』NHKブックス、2001年
3. 年表の作成には下記のデータと文献を参照
   - 内閣府(長期統計)http://www.esri.cao.go.jp/index.html
   - 矢部洋三編『現代日本経済史年表 1868~2015年』日本経済評論社、2016年
   - 中村政則、森武麿編『年表 昭和・平成史』岩波ブックレット、2012年
4. ビットコインとブロックチェーンについては、以下の文献を参照
   - 野口悠紀雄『仮想通貨革命』ダイヤモンド社、2014年
   - D.タプスコット、A.タプスコット『ブロックチェーン・レボリューション』高橋璃子訳、ダイヤモンド社、2016年
5. F.A.ハイエク『通貨発行自由化論』川口慎二訳、東洋経済新報社、1988年

索引

あ

か

さ

た

な

は

ま

や

ら

わ

アルファベット

［著者］
坪井 賢一（つぼい・けんいち）

ダイヤモンド社取締役、論説委員。
1954年生まれ、早稲田大学政治経済学部卒業。78年にダイヤモンド社入社。「週刊ダイヤモンド」編集部に配属後、初めて経済学の専門書を読み始める。編集長などを経て現職。桐蔭横浜大学非常勤講師、早稲田大学政治経済学部招聘講師。主な著書に『複雑系の選択』（共著、1997年）、『めちゃくちゃわかるよ！金融』（2009年）、『改訂4版めちゃくちゃわかるよ！経済学』（2012年）、『これならわかるよ！経済思想史』（2015年）、『シュンペーターは何度でもよみがえる』（電子書籍、2016年）（以上ダイヤモンド社刊）など。

会社に入る前に知っておきたい
これだけ経済学

2017年2月23日　第1刷発行

著　者――坪井賢一
発行所――ダイヤモンド社
〒150-8409　東京都渋谷区神宮前6-12-17
http://www.diamond.co.jp/
電話／03･5778･7236（編集）　03･5778･7240（販売）
装丁――――小口翔平＋上坊菜々子（tobufune）
本文イラスト―田渕正敏
校正――――鷗来堂
本文写真――Jochen Blume/ullstein bild/時事通信フォト（P.207）、時事（P.209）、毎日新聞社/時事通信フォト（P.216）、AFP＝時事（P.234, 235）
製作進行――ダイヤモンド・グラフィック社
印刷――――堀内印刷所（本文）・加藤文明社（カバー）
製本――――本間製本
編集担当――畑下裕貴

ISBN 978-4-478-10133-9
落丁・乱丁本はお手数ですが小社営業局宛にお送りください。送料小社負担にてお取替えいたします。但し、古書店で購入されたものについてはお取替えできません。